V&R

classica

Kompetenzorientierte lateinische Lektüre
Herausgegeben von Peter Kuhlmann

Band 4:   Römische Briefliteratur
Plinius und Cicero
Bearbeitet von Peter Kuhlmann

Römische Briefliteratur
Plinius und Cicero

Bearbeitet von Peter Kuhlmann

Vandenhoeck & Ruprecht

Bibliografische Information der Deutschen Nationalbibliothek

Die Deutsche Nationalbibliothek verzeichnet diese Publikation in der
Deutschen Nationalbibliografie; detaillierte bibliografische Daten sind
im Internet über http://dnb.d-nb.de abrufbar.

ISBN 978-3-525-71078-4

Umschlagabbildung: Gagafoto@online.de

© 2014, Vandenhoeck & Ruprecht GmbH & Co. KG, Göttingen /
Vandenhoeck & Ruprecht LLC, Bristol, CT, U.S.A.
www.v-r.de
Satz: SchwabScantechnik, Göttingen
Druck und Bindung: ⊕ Hubert & Co., Göttingen

Gedruckt auf alterungsbeständigem Papier.

Inhalt

I. Einleitung

Plinius und Cicero: Leben und Werk 8

Briefe in der Antike 12

Sprachliche Besonderheiten 18

Briefspezifische Standards und Kompetenzen 19

II. Texte

Der kaiserzeitliche Literaturbetrieb um Plinius

1. Ein Brief über »literarische« Briefe: Plin. 1,1 20

2. Der Buchmarkt und Plinius' literarische Erfolge: Plin. 1,2 22

3. Plinius als Redner und Wohltäter seiner Heimat: Plin. 1,8 24

4. Das Imperium Romanum im Prinzipat 26

Römische Wertekonstruktionen bei Plinius: otium – negotium – studia – gloria

1. Jagd und Bildung: Plin. 1,6 28

2. Ländliches *otium* als Anti-Stress-Therapie: Plin. 1,9 30

3. Wie passen *gloria* und *otium* zusammen? Plin. 9,3 32

4. Ein Tagesablauf auf dem Landgut: Plin. 9,36 34

Familie und soziale Beziehungen bei Plinius

1. Bräutigam gesucht! Plin. 1,14 36

2. Die beste Ehefrau von allen und eine großartige Tante: Plin. 4,19 38

3. Was ist eine römische »Familie«? 40

4. Frauenrollen im antiken Rom 41

5. Lobrede auf ein früh verstorbenes Mädchen: Plin. 5,16 42

6. Römische Bestattung und Totenkult 44

7. *humanitas* als Erziehungsideal: Plin. 9,12 46

Literatur und Geschichtsschreibung bei Plinius

1. Soll Plinius Geschichtsschreiber werden? Plin. 5,8 48

2. Plinius ist mittlerweile ein berühmter Autor: 9,23 50

3. Der Vesuv-Ausbruch als selbst erlebte Geschichte: Plin. 6,20 52

Magistraturen und Provinzen im Prinzipat

1. Provinzverwaltung im Geiste der *humanitas:* Plin. 8,24 58

2. Römische Herrschaft in den außeritalischen Provinzen 60

3. Plinius und die Christen in Bithynien: Plin. 10,96 62

4. Christentum und römischer Staat 64

Politik und Privatleben in der Republik: Cicero

1. Bewerbung ums Konsulat: Cic. Att. 1,1 und 2 66
2. Ämterlaufbahn *(cursus honorum)* 68
3. Nach dem Konsulat – Ciceros politische Feinde: Cic. Att. 2,22 70
4. Die Stände im republikanischen Rom 72
5. Cicero in der Verbannung: Cic. Att. 3,7 74
6. Familienleben aus der Ferne: Cic. fam. 14,2 76
7. Ciceros triumphale Rückkehr nach Rom: Cic. Att. 4,1 78

Kommunikative Äußerungen interpretieren 80

III. Anhang

Lernwortschatz 82
Wichtige Stilmittel und ihre Funktionen 90
Namensregister 93

Liebe Schülerinnen und Schüler,

mit dieser Textausgabe lernen Sie als Beispiele für die römische Briefliteratur einige Briefe von Cicero und Plinius dem Jüngeren kennen.

Die Lektüre solcher Briefe vermittelt heutigen Lesern den Eindruck eines »Kamerablicks« in die römische Antike, da man den Verfassern besonders nahe zu sein glaubt. Tatsächlich werden Sie im Folgenden vieles kultur- und sozialgeschichtlich Interessante über die Personen Cicero und Plinius und ihre jeweilige Zeit – d. h. die ausgehende Republik und die hohe Kaiserzeit – erfahren. Auf der anderen Seite lernen Sie, antike Briefe auch als Mittel der gezielten Selbstdarstellung und der subtilen Beeinflussung der jeweiligen Leser zu verstehen und zu analysieren. Besonders die Briefe des Plinius unterscheiden sich vielfach von vergleichbaren Kommunikationsmedien unserer Kultur, zumal heute handgeschriebene Briefe zunehmend von elektronischen Nachrichten (SMS, E-Mail) abgelöst werden.

Die Briefe von Cicero und Plinius gehören im Allgemeinen nicht zu den sprachlich besonders schwierigen Texten und sind daher oft leicht zu übersetzen. Allerdings erschweren häufige Auslassungen (Ellipsen) von sprachlichen Elementen oder von Informationen, die dem Adressaten bekannt waren, das Verständnis für uns heutige Leser. Die Buchstaben A, B, C hinter den Überschriften geben Ihnen eine Einschätzung des Schwierigkeitsgrades:
A leicht/viele Hilfen
B mittelschwer
C schwierig/weniger Hilfen

Hinweise zur Grammatik/Wichtige Vokabeln: Vor der Lektüre können Sie die in der Fußzeile angegebenen Grammatikthemen und wichtigen Vokabeln für das Textverständnis wiederholen. Dies hilft Ihnen, den entsprechenden Brief leichter zu verstehen.

Lernvokabeln zu jedem Text befinden sich im Anhang der Ausgabe. Diese Auswahl ist zur Sicherung und Erweiterung Ihrer Wortschatzkenntnisse gedacht. Damit können Sie die Texte erschließen und kontextbezogen die passende Wortbedeutung finden. Vokabeln, die weder in dem Lernspeicher enthalten noch als Hilfe angegeben sind, schlagen Sie im Wörterbuch nach.

Plinius und Cicero: Leben und Werk

Plinius und Cicero haben zwar zu ganz unterschiedlichen Zeiten gelebt, nämlich noch in der Zeit der ausgehenden römischen Republik (Cicero) bzw. in der hohen Kaiserzeit (Plinius); dennoch weisen ihre jeweiligen Biographien wichtige Gemeinsamkeiten auf: Beide stammen nicht aus der Hauptstadt Rom selbst, sondern aus der italischen Provinz, und beide sind sog. *homines novi,* d. h. sie haben in Rom politisch Karriere gemacht und wurden Senatoren und Konsuln, obgleich sie nicht dem alteingesessenen stadtrömischen Adel entstammten. Beiden gemeinsam ist auch das in den erhaltenen Werken häufig spürbare Geltungsbedürfnis von politischen und sozialen Aufsteigern in der vom teilweise ererbten Patrizier- bzw. Senatorenstand dominierten Gesellschaft Roms, in der die provinzialen Ritter trotz ihres großen Reichtums und Einflusses in der Provinz immer wieder um Anerkennung ringen mussten.

Plinius der Jüngere

Gaius Plinius Caecilius Secundus wurde 61/62 n. Chr. in Novum Comum (heute Como) am Comer See in Norditalien am Fuße der Alpen geboren. Nach dem frühen Tod seines Vaters erzog und adoptierte ihn sein Onkel Plinius der Ältere, der ein bekannter Naturforscher und Autor einer umfangreichen enzyklopädieartigen *Naturalis Historia* war. Der ältere Plinius kam 79 n. Chr. beim Ausbruch des Vesuv ums Leben; den Vulkanausbruch und Tod seines Onkels hat Plinius d. J. in zwei Briefen (6,16 u. 20) literarisch überliefert. Die Familie des Plinius gehörte zur lokalen Elite und zum Ritterstand: Sie besaß große Güter in Oberitalien, die den Reichtum des Plinius begründeten. Er begann seine politische Karriere unter Kaiser Domitian (81–96 n. Chr.) und erlebte noch die Regierungszeit Kaiser Trajans (98–117 n. Chr.). Plinius kam schon früh zur Ausbildung nach Rom und studierte dort in der öffentlichen Rhetorenschule bei dem damals berühmtesten Rhetorikprofessor Quintilian, der später auch am kaiserlichen Hofe Prinzenerzieher für die Kinder Domitians wurde.

Der junge Plinius übernahm nach dem Abschluss seiner Ausbildung verschiedene zivile und militärische Ämter in der Reichsverwaltung, bevor er den *cursus honorum* durchlief: 87 wurde er Quaestor und trat so als besonderer Vertrauter des Kaisers in den Senat ein. 91 oder 92 wurde er Volkstribun, 93 oder 94 Praetor, 97/98 eine Art Finanzminister als Vorsteher der Staatskasse *(praefectus aerarii Saturni)* und 100 Konsul. Wie Cicero wurde Plinius auch Augur (103), im Jahr 104 kümmerte er sich um die Kanalisation und das Tiberbett in Rom und zwischen 109 und 111 verwaltete er als *legatus Augusti pro praetore,* d. h. als kaiserlicher Bevollmächtigter, die Provinz Bithynien in Kleinasien. Eigentlich war Bithynien eine senatorische Provinz, wurde also nicht vom Kaiser direkt verwaltet. Allerdings hatte der Senat offenbar bei der Verwaltung der Provinz so sehr versagt, dass Kaiser Trajan mit Plinius einen eigenen Sonderverwalter einsetzte, zu dem er besonderes Vertrauen besaß. Das genaue Todesjahr des Plinius ist nicht genau bekannt, aber da aus der Zeit ab ca. 113 n. Chr. keine Briefe oder andere Nachrichten überliefert sind, könnte er um diese Zeit gestorben sein.

Plinius war neben diesen vielfältigen Ämtern und Aufgaben auch als Schriftsteller tätig und nahm sich besonders Cicero als literarisches Vorbild. Plinius veröffentlichte seine eigenen Reden und die umfangreiche Briefkorrespondenz, schrieb aber auch Gedichte. Heute erhalten sind allerdings nur seine Lobrede auf Kaiser Trajan, die er als Konsul 100 n. Chr. im Senat hielt *(Panegyricus)* und die 10 Bücher umfassenden Epistulae (»Briefe«): Dabei umfassen die ersten neun Bücher Briefe an verschiedene Adressaten aus der Oberschicht des Imperium Romanum und der Familie des Plinius, während das zehnte Buch die Korrespondenz des Plinius mit Kaiser Trajan aus der Zeit der Statthalterschaft in Bithynien enthält.

Rest einer Ehren-Inschrift der Stadt Mailand für Plinius, die seine politische Karriere und seine Wohltaten auflistet (© Giovanni Dall' Orto, Wikimedia Creative Commons)

Cicero

Marcus Tullius Cicero wurde im Jahr 106 v. Chr. rund 100 km südöstlich von Rom in Arpinum geboren. Seine Familie gehörte zur lokalen Oberschicht und damit auch zum Ritterstand, was eine Ausbildung Ciceros und seines um vier Jahre jüngeren Bruders Quintus in Rom möglich machte. Die Ausbildung und Erziehung übernahmen einige damals wichtige Politiker und Juristen aus der Schicht der römischen Patrizier.

Nach der Ausbildung in Rhetorik, Recht und Philosophie wurde Cicero schon in jungen Jahren ein berühmter Redner: Der Durchbruch kam 70 v. Chr., als er in einem aufsehenerregenden Prozess Verres, den ehemaligen Provinzverwalter von Sizilien, wegen Amtsmissbrauchs und Ausplünderung der Provinz erfolgreich verklagte und Verres bereits kurz nach der Prozesseröffnung durch sein als Rede noch erhaltenes

Cicero-Büste, Kapitolinische Museen

Anfangsplädoyer ins freiwillige Exil trieb. Cicero war zuvor (76) Quaestor in Sizilien gewesen und daher *patronus* der Bevölkerung Siziliens. Alle politischen Ämter erlangte Cicero in dem vorgesehenen Mindestalter *(suo anno)*, so wurde er 69 Aedil, mit 40 Praetor und 63 im Alter von 43 Jahren Konsul. Neben den politischen Ämtern war Cicero auch Priester, d. h. er überwachte (ab 53) als Augur die Vogelschau vor wichtigen Staatshandlungen. Als Konsul deckte er die Verschwörung des verarmten Patriziers und vielfach vergeblichen Konsulatsbewerbers Catilina gegen den römischen Staat auf und bewirkte einen Senatsbeschluss zur Hinrichtung der Verschwörer; erhalten sind die vier Reden, die Cicero vor Senat und Volk gegen Catilina gehalten hatte. Nach altem römischem Recht gehörten solche Todesurteile eigentlich in den Zuständigkeitsbereich der in diesem Fall nicht einberufenen Volksversammlung. Daher nutzten Ciceros Gegner diese Hinrichtung römischer Bürger für eine nachträgliche Anklage Ciceros, die ihn 58 ins Exil nach Griechenland (Thessalonike) trieb. In der Zeit der erzwungenen politischen Untätigkeit verfasste Cicero um 55–54 v. Chr. seine ersten rhetorischen und staatsphilosophischen Werke über den idealen Redner und den idealen Staat *(de oratore, de re publica, de legibus)*.

In Rom waren mittlerweile Pompeius, Crassus und v. a. Caesar (Konsulat: 59) die eigentlichen Entscheidungsträger geworden. Allerdings hielt das Bündnis dieser drei Politiker (Triumvirat) nicht lange, was ab 49 zum Ausbruch von Bürgerkriegen führte. Caesar hatte sich 58–51 durch die weitgehend eigenmächtige Eroberung Galliens eine große finanzielle und militärische Hausmacht neben dem Senat geschaffen. Pompeius wiederum machte sich durch die Bekämpfung der Anarchie in Rom beim Senat unverzichtbar und wurde 52 alleiniger Konsul *(consul sine collega)*. Als Caesars Bewerbung um das (zweite) Konsulat von der Senatspartei hintertrieben wurde, kam es zum Bürgerkrieg, der sich bis 46 hinzog und zum Tod des Pompeius (48) und der Niederlage der Senatspartei führte.

Während Cicero sich nach seinem Exil gezwungenermaßen bei Caesar anzubiedern versuchte, unterstützte er später im Bürgerkrieg die Senatspartei unter Pompeius. Nach dem Sieg Caesars musste sich Cicero mit dem neuen Diktator arrangieren, war aber politisch wieder kalt gestellt. Doch Caesar wurde schon 44 u. a. von dem Republikaner und engen Freund Ciceros Brutus ermordet, was erneute Bürgerkriege auslöste. Hier spielte Cicero noch einmal für kurze Zeit eine wichtige Rolle in der Politik, allerdings gelang ihm die Rettung der Republik nicht. Im Gegenteil wurde er selbst 43 v. Chr. ermordet, nachdem sich die Rivalen um Caesars Erbe Octavian und Antonius kurz zuvor verbündet und ein Terrorregime in Rom errichtet hatten. Kurz vor seinem Tode war Cicero noch erstaunlich produktiv und verfasste den größten Teil seiner philosophischen Schriften. Auch die flammenden Reden gegen Antonius als den Erzfeind der römischen *res publica* hat Cicero in dieser Zeit publiziert.

Über das bewegte Leben Ciceros in einer krisengeschüttelten Zeit sind wir gerade durch seine fast 800 erhaltenen Briefe informiert, die neben den philosophisch-rhetorischen Schriften und den Reden einen wichtigen Teil seiner Werke ausmachen. Aufgrund dieser Quellenmasse, die wohl nur die Hälfte der ursprünglichen Briefmenge darstellt, sind wir über keine antike Persönlichkeit so detailliert informiert wie über Cicero. Die Briefe geben naturgemäß auch einen vielfach privaten Einblick in Ciceros Freuden, Enttäuschungen und Ängste, so dass ihr Wiederentdecker Petrarca Mitte des 14. Jh. geradezu enttäuscht von den allzu menschlichen Schwächen seines großen antiken Vorbildes Cicero war.

Knapp die Hälfte der Briefe sind an Ciceros engsten Freund Titus Pomponius Atticus gerichtet (16 Bücher *epistulae ad Atticum*), einen reichen und gebildeten Bankier und Geschäftsmann aus dem Ritterstand, der sich aus dem politischen Tagesgeschäft weitgehend heraushielt. Die übrigen Briefe haben verschiedene Adressaten, die aus dem Freundes- und Verwandtenkreis Ciceros stammen (16 Bücher *epistulae ad familiares*), z. B. an Caesar oder seine Familie. In eigenen Briefsammlungen sind die Briefe an den Bruder Quintus (3 Bücher *epistulae ad Quintum fratrem*) und an Brutus (1 Buch *epistulae ad Brutum*) zusammengefasst. Die Briefe stammen aus den Jahren 68 bis 43, d. h. bis zu Ciceros Tod. Sie waren ursprünglich nicht für eine Publikation vorgesehen und wurden erst postum für die Öffentlichkeit herausgegeben. Maßgeblich beteiligt daran war Ciceros ehemaliger Sklave und Privatsekretär Tiro, der nach seiner Freilassung ein enger Freund Ciceros blieb.

Briefe in der Antike

Funktionen

In der Antike hatten Briefe grundsätzlich ähnliche Funktionen wie auch heute noch: Sie dienten der Kommunikation zwischen räumlich getrennten Personen und ersetzten insofern das direkte mündliche Gespräch. In der römischen Antike wurden Briefe meist auf Papyrusblätter geschrieben, die anschließend zusammengerollt oder gefaltet und dann versiegelt wurden. Außen wurde der Name des Adressaten notiert, eigene Briefumschläge waren unbekannt. Das Versiegeln sollte die Vertraulichkeit des geschriebenen Wortes garantieren. Gleichwohl wissen wir aus Ciceros Briefen von vielfach unerlaubt geöffneten Briefen (z. B. durch bestochene Sklaven oder das Abfangen von Briefen), so dass man bei vertraulichen Mitteilungen sehr vorsichtig sein musste.

 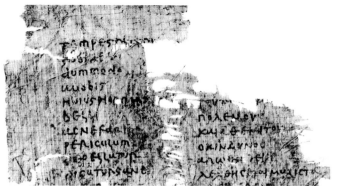

Papyruspflanze   Papyrus-Fragment mit Teilen von Ciceros Reden gegen Catilina

Brieftransport

Der Transport von Briefen lief in verschiedener Weise ab: Einfache Privatleute waren auf Reisende angewiesen, denen man die Briefe mitgab. Ein auch für private Zwecke nutzbares Postwesen gab es in der Antike nicht. Natürlich konnten so Briefe leicht verloren gehen, was dazu führte, dass man denselben Brief u. U. mehrfach »verschickte«. Reiche Privatleute wie Cicero und Plinius konnten z. T. durch ihre Sklaven als Boten *(tabellarii, pueri)* bequem Briefe verschicken. Die Sklaven konnten wiederum gleich eine Antwort des Empfängers abwarten und entsprechend wieder mitnehmen. Innerhalb einer Stadt konnte briefliche Kommunikation von daher ähnlich funktionieren wie heute E-Mails, was bei Cicero auch tatsächlich der Fall war: So wechselten oft an demselben Tag mehrere Briefe zwischen ihm und Atticus hin und her.

Erst Augustus richtete für staatliche Amtsträger und militärische Zwecke eine Dienstpost *(cursus publicus)* ein, die z. B. Plinius für seine Korrespondenz als kaiserlicher Provinzverwalter mit Trajan nutzen konnte. Briefe waren aufgrund der unterschiedlichen Beförderungsbedingungen unterschiedlich lange unterwegs: Private Briefe wurden zu Lande mit der Geschwindigkeit eines Fußgängers transportiert; die mit Pferden auf dem *cursus publicus* versandten amtlichen Schreiben waren zwischen Bithynien/Kleinasien und Rom noch fast einen Monat unterwegs.

Schreibanlässe

Die Anlässe für Briefe waren in etwa dieselben wie auch heute: Man verschickte z. B. zu bestimmten Anlässen wie Geburtstagen, Jahreswechseln, Todesfällen, Hochzeiten etc. Glückwünsch-, Gruß- oder Beileidschreiben, die ähnlich formalisiert waren wie heute. Auch gab es Liebesbriefe oder Briefe mit wichtigen Mitteilungen. Die vielfach auf Papyrus erhaltenen Privatbriefe einfacher Leute sind ähnlich wie heutige Postkarten oder SMS meist formelhaft und enthalten kaum mehr Angaben als: »Ich hoffe, es geht euch gut. Uns geht es auch gut; X/Y ist wieder gesund. Wann sehen wir uns wieder?« und Ähnliches. Zum einen war Papyrus als Schreibmaterial eher teuer, weswegen nur die reiche Oberschicht ausführliche Briefe schrieb; zum anderen waren die meisten einfachen Leute nicht gewohnt oder in der Lage, lange Texte flüssig zu schreiben.

Briefform

Die Form antiker Briefe ähnelt heutigen Briefen in manchem: Am Beginn römischer Briefe stand das »Präskript«, d. h. die Grußformel mit Abkürzungen wie z. B. *Tullius Terentiae suae s(alutem) d(icit)* »Tullius grüßt seine (Frau) Terentia« – oft mit Einleitungsformeln wie *si valetis, nos valemus* »wenn es euch gut geht, geht es auch uns gut« oder auch mit Abkürzungen s.v.v.b.e.e.q.v. (= *si vos valetis, bene est; ego quoque valeo* »wenn es euch gut geht, ist es gut; mir geht es auch gut«). Den Schluss (»Postskript«) der Briefe bildet ein einfaches *vale* »leb wohl« und gegebenenfalls das Datum. Anders als heute stand also der eigentliche Gruß nicht am Schluss, sondern am Beginn des Briefes *(salutem dicit)*; beim Datum ist es genau umgekehrt.

Antike Schreibutensilien aus dem LVR-RömerMuseum im Archäologischen Park Xanten: Schreibtafel *(pugillares)*; Schreibgriffel *(stilus)*; Gefäß mit Tinte *(atramentum)*; Foto: Axel Thünker DGPh

Besondere Merkmale von Plinius' Briefen

Die erhaltenen Plinius-Briefe wurden im Gegensatz zu den Cicero-Briefen vom Autor selbst zu einer Briefsammlung vereinigt und in 10 Büchern »publiziert«, d. h. für die Öffentlichkeit zugänglich gemacht. Ganz praktisch bedeutet dies: Eine Papyrusrolle entsprach einem »Buch« und enthielt gut 20 bis über 30 Briefe, die unter bestimmten Gesichtspunkten vereinigt waren. Diese Buchrollen konnten dann entweder in einer von Plinius autorisierten Form bzw. Textgestalt durch private Abschriften unter interessierten Lesern kursieren oder auch wohl prinzipiell im Buchhandel gekauft werden.

Ein Bestseller im modernen Sinne waren die Plinius-Briefe eher nicht, denn die von ihm intendierte Leserschaft bestand allenfalls aus den Angehörigen des Ritter- und Senatorenstandes, d. h. rund 6.000 Männern und deren Familienangehörigen. Auf der anderen Seite war es in der hohen Kaiserzeit, d. h. seit dem ausgehenden 1. Jh. n. Chr., in Mode gekommen, einander stilistisch und inhaltlich anspruchsvolle Briefe zu schreiben, die zum einen über aktuelle Anlässe hinaus dem Leser ein literarisches Lesevergnügen und auch moralische, philosophische oder wissenschaftliche Anregungen verschaffen sollten, zum anderen aber auch die eigene Bildung und rhetorisch-literarische Kompetenz demonstrierten. Solche Briefe wurden dann vermutlich auch in größerem Kreise vorgelesen und ähnlich wie literarische Werke aufbewahrt. In der Zeit des Augustus hatten Horaz und Ovid solche literarischen Briefe sogar in poetischer Form (d. h. im Versmaß) verfasst. Vergleichbar sind auch die philosophischen Briefe des jüngeren Seneca, die für Plinius ein wichtiges Vorbild waren.

Vermutlich schrieb Plinius also aufgrund der üblichen Anlässe Briefe an Freunde, Bekannte, Verwandte oder Amtskollegen, deren Stil und Ausdrucksweise über das im Alltag Übliche hinausgingen oder die für die Publikation nachträglich stilistisch überarbeitet wurden. Teilweise hat man in der wissenschaftlichen Forschung auch vermutet, die Briefe seien alle reine Erfindung (»fiktive« bzw. »rein literarische Briefe«) und niemals wirklich an die Adressaten abgesendet worden. Für einzelne Briefe kann dies natürlich auch richtig sein, allerdings lässt sich Genaueres heute nicht mehr rekonstruieren. In jedem Falle richteten sich die Briefe in ihrer publizierten Form über die im Präskript genannten Adressaten hinaus an ein größeres Lesepublikum. Dies ist auch für die Interpretation zu berücksichtigen: Für die Briefe ist grundsätzlich eine erste »wörtliche«, d. h. anlass- oder adressatenbezogene, von einer zweiten allgemeineren bzw. öffentlichkeitsbezogenen Lesart zu unterscheiden.

Plinius' Briefe sind anders als viele Gebrauchs- oder Cicero-Briefe kommunikativ in sich abgeschlossen, d. h. sie erwarten keine weitere Antwort mehr. Anders als »normale« Briefe konzentrieren sie sich auch oft auf ein Thema, das dann z. T. mit einem weiteren Thema kombiniert oder von ihm überlagert wird. So verbindet Plinius besonders gern verschiedene Themen des Alltagslebens mit Ausführungen zu literarischen Studien. Damit präsentiert sich Plinius für seine Leser als Person, die sich immer und überall – selbst in den anstrengendsten Alltagsgeschäften – mit literarischen Fragen befasst.

Durch die Publikation der Briefe sind auch die Briefadressaten und damit das gesamte soziale Netzwerk des Plinius publik. Hier inszeniert sich Plinius demzufolge als besonders gut vernetzter Römer, der mit allen bedeutenden Angehörigen der politischen und sozialen Elite einschließlich des Kaisers vertrauten Umgang pflegt. Dies lässt sich durchaus mit der Zahl der Freunde in Facebook-Seiten vergleichen: Je mehr Freunde jemand hat, umso besser ist er sozial vernetzt, was wiederum das soziale Prestige steigert. Plinius gibt in vielen Briefen seinen Adressaten gute Ratschläge, er vermittelt in Empfehlungsschreiben Personen für Heiraten oder politische Ämter oder er charakterisiert Verstorbene. Durch die bewusste öffentliche Zugänglichkeit solcher Briefe konstruiert Plinius für die Leser ein Bild von sich als fürsorglicher Freund oder *patronus,* der sozial mindestens auf derselben Stufe wie die Adressaten, wenn nicht über ihnen steht.

Dies zeigt, wie der soziale Aufsteiger Plinius das Medium des literarischen Briefes nutzt, um durch Ratschläge und eigenes richtiges Verhalten auf sein Lesepublikum zu wirken und zugleich sich selbst als Vorbild bzw. *exemplum* zu präsentieren.

Besondere Merkmale von Ciceros Briefen

Die Briefe Ciceros waren nicht ursprünglich für eine Publikation bestimmt und weisen daher viele Merkmale »normaler« Briefe auf, die man auch in unseren heutigen Briefen und Nachrichten wiederfindet: Sie können mehrere, miteinander nicht unbedingt zusammenhängende Themen behandeln; vor allem aber weisen sie Ellipsen oder »Leerstellen« auf, d. h. sie spielen auf viele Dinge nur an, die Cicero beim Adressaten als Hintergrundwissen voraussetzen konnte, ähnlich wie auch wir in einer SMS oder E-Mail an vertraute Freunde oder Familienmitglieder nicht immer weit ausholen und einen Sachverhalt komplett entfalten; schließlich enthalten Ciceros Briefe an vertraute Personen Elemente der Umgangsbzw. Sprechsprache, die wir aus den anspruchsvollen lateinischen Literaturwerken nicht kennen. Häufig schreiben wir auch nur z. B.

> »Hallo Alter! War gestern mit Mausi beim Italiener, aber mein Lieblingsessen hatten sie natürlich nicht, und Stress gabs auch schon wieder. Ach, bist du eigentlich noch mit deiner Neuen zusammen? Ansonsten: Muss noch für die Reli-Klausur morgen büffeln (ächz). Machs gut …«. (Beispiel: moderne Mail/SMS)

Wer den Absender und sein Umfeld nicht gut kennt, hat Probleme, die in der Nachricht genannten Personen, Sachverhalte und Lokalitäten zu identifizieren; auch was mit dem »Stress« genau gemeint ist, lässt sich höchstens erahnen: Die Nachricht enthält eine Reihe von »Leerstellen«; dass es sich bei »Mausi« wohl um die Freundin/Frau des Absenders handelt, können wir aus unserem »Weltwissen« heraus vermuten. Auch ist die Sprache hier elliptisch, so fehlen einige Pronomina. Zudem behandelt der Absender in der kurzen Nachricht offensichtlich drei ganz unterschiedliche Themen, die höchstens assoziativ miteinander verbunden sind. Da sehr viele Briefe von Cicero vergleichbar aufgebaut sind, haben wir entsprechend Mühe, den genauen inhaltlichen oder sachlichen Zusammenhang zu rekonstruieren, selbst wenn wir den Brief auf der rein sprachlichen Ebene ohne Probleme verstehen und übersetzen können.

Die Tonlage von Ciceros Briefen wechselt je nach Adressat beträchtlich: Wenn er als Amtsperson an andere Politiker schreibt, wählt er entsprechend einen förmlichen und amtlichen Stil und vermeidet auch unmotivierte Themensprünge. In Briefen an seine Frau oder seinen Freund Atticus verwendet er einen ähnlich lockeren Stil und Ton wie in einem vertrauten Gespräch. Gleichwohl ist ein typisches Merkmal in vielen Cicero-Briefen, beim Adressaten immer ein bestimmtes Bild von sich zu inszenieren und auch zu berücksichtigen, wer neben dem eigentlichen Adressaten den Briefinhalt möglicherweise noch zusätzlich mitbekommt, z. B. durch lautes Vorlesen des Briefes vor mehreren Personen.

Insgesamt präsentiert sich Cicero in vielen Briefen trotz oder gerade wegen seiner provinzialen und nichtpatrizischen Herkunft vielfach als gebildet, sprachgewandt und witzig-geistreich, was geradezu den Idealtypus des römischen Aristokraten verkörpert.

Ein griechischer Privatbrief aus Ägypten (Papyrus Gissensis 1,17)

Um die Briefe von Cicero und Plinius als Zeugnisse der gebildeten Oberschicht im Kontext ihrer Zeit und Kultur einzuordnen, ist es interessant, einen Blick auf die Privatbriefe der weniger gebildeten einfachen Bevölkerung zu werfen. Die auf Papyrus erhaltenen Privatbriefe sind überhaupt eine wichtige Quelle zur Erforschung der antiken Alltags- und Mentalitätsgeschichte. Die Briefe weisen auf eine relativ hohe Alphabetisierungsrate hin, jedenfalls scheinen auch viele Handwerker, Arbeiter und Sklaven in der Lage gewesen zu sein, Briefe zu schreiben. In den Papyrussammlungen der Gießener Universitätsbibliothek ist der Privatbrief einer älteren ägyptischen Sklavin namens Tays erhalten. Tays hat als Amme in einem vornehmen griechischen Haushalt die Kinder großgezogen. Ihr Ziehkind Apollonios ist ein hoher Beamter (»Stratege«) im römischen Verwaltungsdienst der Provinz Ägypten und muss 117 n. Chr. in den Krieg gegen jüdische Aufständische ziehen. Tays schickt ihrem Herrn Apollonios folgenden Brief (in wörtlicher Übersetzung):

Tays <sendet> ihrem Herrn Apollonios herzliche Grüße.

Vor allem grüße ich dich, Gebieter, und bete immerzu für deine Gesundheit. Ich machte mir nicht wenig Sorgen, Herr, zu hören, dass du krank wurdest; aber allen Göttern sei Dank, dass sie dich unversehrt bewahren. Ich bitte dich, Herr, wenn du Lust hast, auch an uns zu senden; sonst sterben wir, weil wir dich nicht täglich sehen. Ich wollte, wir könnten fliegen und kommen und dich begrüßen; denn wir sind in Sorge, wenn wir dich nicht sehen. Also sei wieder gut mit uns und schreibe uns.

Bleib gesund, Herr, und bei uns steht alles gut. 24. Epiph (= Juli)

---

1 Gliedern Sie den Brief nach formalen Merkmalen und beschreiben Sie die Ausdrucksweise: Woran erkennt man den rein privaten Charakter des Briefes?

2 Beschreiben Sie das Verhältnis zwischen der Sklavin (Amme) und ihrem Herrn. Haben Sie eine Erklärung hierfür?

3 Auch wenn Sie kein Griechisch können: Versuchen Sie, die Schrift des Papyrus auf der Abbildung zu beschreiben; was sagt der Schriftduktus über die Bildung Schreiberin aus?

Papyrus mit dem Brief von Tays.
Foto: Gießen, Universitätsbibliothek, P. Giss. 1,17 (117 n. Chr.)

Sprachliche Besonderheiten

Wortschatz

– Insbesondere Cicero verwendet umgangssprachliche Vokabeln und Ausdrücke wie
  bellus »hübsch«; *bene est* »es ist in Ordnung«.

Wortbildung

– Cicero verwendet häufig Deminutive (Verkleinerungen), die ganz verschiedene Aspekte
  zum Ausdruck bringen können (Verniedlichung, zärtliche Nähe, Abschätzigkeit u. ä.):
  z. B. *filiolus* »Söhnchen« oder *Tulliola* (»Tullia-lein« oder »Tullia-Schatz«) statt *Tullia*
  für die Tochter.
– Intensiva, Frequentativa: *prensare* (< *prehendere*) »sich bewerben«; *volitare* (< *volare*)
  »umhereilen«; *lectitare* (< *legere*) »immer wieder lesen«

Formenlehre

– Häufige Verwendung der 1. und 2. Sg. bei Verben; spezielle Kurzformen bei Deponentien
  und Passiv: *-re* = *-ris: sequare* = *sequaris*.
– Imperative (Sg.) der Deponentien: *sequere* »folge«; *reverēre* »habe Respekt«.
– Wegfall von *-ve-* bzw. *-vi-* beim Perfektstamm: *cogitaramus* < *cogitaveramus; audisse*
  < *audivisse*.
– Besonderheiten in der o-Deklination: Nom. Pl. und Gen. Sg. auf *-i* statt *-ii*.
– Häufige Verwendung der 1. und 2. Pers. Plural statt Singular: *nos* ~ ich; *vos* ~ du.

Satzbau

– Häufige Ellipse von *esse* oder anderen aus dem Kontext ergänzbaren Satzteilen und
  Wörtern, v. a. des Subj.-Akk. im AcI.
– Typisch ist die eher parataktische Struktur mit relativ kurzen Sätzen.
– *ut* fehlt häufig nach Verben wie *velle, rogare* u. ä., so dass hier der reine Konjunktiv folgt
  (*vellem <ut> manssisses* »ich wollte, du wärest geblieben«).
– Speziell Plinius verzichtet häufig auf Konnektoren wie *enim, autem* u. ä.

Häufige Stilmittel (v. a. Plinius)

– Brevitas
– Asyndeton
– Paradoxon
– Anapher
– Polyptoton

Briefspezifische Standards und Kompetenzen

Sprache: Ich kann ...

– sprachliche Besonderheiten erkennen und richtig übersetzen, v. a.: die Formen der 1. und 2. Pers., Perf.-Formen ohne *-v-*, Ellipsen, Fehlen von Konnektoren, Kontraktion *-iī > -ī*.

Text: Ich kann ...

– für die Briefe eine Übersetzung formulieren, die die Stilebene des Originals trifft,
– typische formale Merkmale der Textsorte Brief benennen,
– in den Briefen typische Wertbegriffe der römischen Oberschicht (u. a. *fides, honor, gloria, virtus, pietas, humanitas*) herausarbeiten,
– die Bedeutung und das Verhältnis von *negotium – otium – studia – gloria* in den Briefen erläutern,
– die stilistische Gestaltung der Briefe beschreiben und dabei auffällige Stilmittel benennen sowie ihre Funktion im Kontext erläutern,
– Aspekte der Selbstdarstellung und Selbststilisierung aus den Briefen herausarbeiten,
– die Charakterbilder in Plinius' Porträt-Briefen beschreiben und die Vorbildfunktion der charakterisierten Personen für den Leser erläutern,
– die Themen, den Aufbau und die Gedankenführung der Briefe unter Nennung sinntragender lateinischer Begriffe beschreiben.

Kultur: Ich kann ...

– Besonderheiten antiker Briefkommunikation benennen und mit heutigen schriftlichen Kommunikationsformen und -medien vergleichen,
– die Briefe bestimmten Anlässen zuordnen und die Anlässe historisch erläutern,
– in den Briefen Aspekte von Cicero/Plinius als Privatmann oder Person des öffentlichen Lebens herausarbeiten,
– anhand der Briefe das Funktionieren sozialer Kommunikation der römischen Oberschicht erläutern,
– das Verhältnis der verschiedenen sozialen Gruppen der römischen Gesellschaft zueinander und in diesem Kontext das Klientelwesen erläutern,
– Aspekte des Alltagslebens der römischen Oberschicht (z. B. Verhältnis privater/öffentlicher Raum) aus den Briefen herausarbeiten und ihren kulturgeschichtlichen Hintergrund erläutern,
– zentrale Merkmale römischer Provinzverwaltung erläutern.

Der kaiserzeitliche Literaturbetrieb um Plinius

1. Ein Brief über »literarische« Briefe: Plin. 1,1 (A)

Plinius eröffnet seine publizierte Briefsammlung mit einem Brief an den römischen Ritter Septicius Clarus, der später unter Kaiser Hadrian Prätorianerpräfekt wurde.

C. PLINIUS SEPTICIO SUO S.[1]

Frequenter[2] hortatus es,

   ut epistulas,

      si quas paulo curatius[3] scripsissem,

5 colligerem publicaremque.

Collegi non servato[4] temporis ordine[5] (neque enim histo-riam[6] componebam), sed ut quaeque[7] in manus venerat.

Superest[8], ut nec te consilii nec me paeniteat[9] obsequii[10].

Ita enim fiet,

10 ut eas[11],

      quae adhuc neglectae iacent, requiram[12],

et, si quas addidero, non supprimam[13].

Vale.

1 s(alūs) *bzw.* salūtem dīcit
2 **frequenter:** häufig – 3 **cūrātus:** sorgfältig – 4 **servāre:** bewahren, beachten – 5 **temporis ōrdō:** chronologische Reihenfolge
6 **historia:** Geschichtsschreibung, Geschichtswerk – 7 **ut quaeque <epistula>:** so wie ein jeder (Brief) jeweils – 8 **superest:** es bleibt zu hoffen – 9 **paenitet te** + *Gen.:* du bereust *etw.* – 10 **obsequium:** Nachgiebigkeit – 11 **eās <epistulās>** – 12 **requīrere,** -quīrō, -quīsīvī, -quīsītum: heraussuchen
13 **supprimere,** -primō, -pressī, -pressum: zurückhalten, unterschlagen

1 Beschreiben Sie den gedanklichen Ablauf des Briefes und geben Sie die Kerngedanken wieder.

2 Erörtern Sie, warum Plinius diesen Brief als Eröffnungsbrief für seine publizierte Sammlung ausgewählt hat.

3 Beschreiben Sie, wie Plinius in diesem Brief mit seinem Adressaten »literarisch kommuniziert«, d. h. wie er Septicius in die Ausführungen des Briefes mit einbezieht und welches Bild von Septicius der Leser durch den Text bekommt.

4 Plinius bezeichnet seine Briefsammlung im Text als mehr oder weniger zufällig und unbearbeitet: Erörtern Sie den Realitätsgehalt der Aussage.

5 Erläutern Sie Plinius' Bemerkung in Z. 6–7 *non servato … historiam componebam:* Nennen Sie Unterschiede zwischen den Gattungen *epistula* und *historia*.

K Prätorianer und Prätorianerpräfekt

In der Zeit der Republik bewachte eine kleine militärische Einheit das Zelt des Feldherrn *(praetorium)* und wurde daher *cohors praetoriana* (Prätorianer-Kohorte) genannt. Augustus schuf eine feste Elite- und kaiserliche Schutztruppe, die den jeweiligen Kaisern persönlich besonders verbunden und im Gegensatz zu sonstigen römischen Truppen teilweise in der Hauptstadt Rom in den *castra praetoria* stationiert war. Diese Prätorianerkohorten begleiteten die Kaiser auch auf ihren Reisen. An der Spitze der Prätorianer stand ein vom Kaiser ernannter Präfekt bzw. *praefectus praetorio,* der zu den engsten Vertrauten des Kaisers gehörte.

Soldaten der Prätorianergarde,
römisches Relief (ca. 51–52 n. Chr.)
und moderne Rekonstruktion;
Foto: Francis de Andrade

S Futur II: lateinisch-deutsch im Vergleich

Im Lateinischen bezeichnet das Futur II meist eine Vorzeitigkeit gegenüber einer anderen Handlung im Futur. In der Praxis findet sich das Futur II am häufigsten in Nebensätzen, wobei im entsprechenden Hauptsatz ein Futur I oder ein futurischer Ausdruck (z. B. Imperativ) steht:

Cum hoc fecero, scribam ad te.
»Wenn ich das getan habe, werde ich dir schreiben.«

Übersetzung

Im Deutschen sollte man das Futur II solcher Nebensätze je nach Kontext am besten mit Perfekt oder gegebenenfalls mit Präsens übersetzen: Welche Übersetzung passt im Brief für die Form *addidero?*
Eine Übersetzung mit einem deutschen Futur II passt meist nicht so gut, weil das deutsche »Futur« II in der Regel für etwas Abgeschlossenes, aber nur Wahrscheinliches verwendet wird, wie z. B.: *Er wird das wohl getan haben.*

Formen

Die Formen des Futur II stimmen bis auf die 1. Sg. *(-ero)* mit den Formen des Konjunktiv Perfekt *(-erim)* überein. Man kann das Futur II eines Nebensatzes in der Regel an dem Futur I (bzw. Imperativ) des dazugehörigen Hauptsatzes erkennen.

2. Der Buchmarkt und Plinius' literarische Erfolge: Plin. 1,2 (B)

In einem Brief an Arrianus, der wie Plinius zur provinzialen Elite Oberitaliens gehört, geht Plinius u. a. auf die Publikation seiner Werke und den aktuellen Buchmarkt ein. Er bittet Arrianus um sein literarisches Urteil für ein neues Werk, das er gern publizieren möchte.

C. PLINIUS ARRIANO SUO S.

Quia tardiorem[1] adventum tuum prospicio, librum, quem prioribus epistulis promiseram, exhibeo[2]. Hunc[3] rogo <ut> ex consuetudine tua et legas et emendes – eo magis, quod[4]
5 nihil ante peraeque[5] eodem ζήλῳ[6] scripsisse videor. (...)
Confitebor
    et ipsum me
        et contubernales[7] ab editione[8] non abhorrere[9],
           si modo tu fortasse errori[10] nostro album calculum[11]
10   adieceris.
Est enim plane[12] aliquid edendum[13] atque utinam hoc potissimum, quod paratum[14] est! Audis desidiae[15] votum; edendum autem <est> ex pluribus causis: maxime quod libelli[16], quos emisimus[17], dicuntur in manibus[18] esse,
15 quamvis iam gratiam[19] novitatis exuerint[20]; nisi tamen[21] auribus nostris bibliopolae[22] blandiuntur[23]. Sed sane blandiantur, dum per hoc mendacium[24] nobis studia nostra commendent[25]. Vale.

1 **tardus:** spät; langsam
2 **exhibēre:** *(hier)* zuschicken
3 **hunc:** *Obj. zu* legās/emendēs
4 **eō magis, quod:** umso mehr, als – 5 **per-aequē:** in ganz ähnlicher Weise – 6 **eōdem** ζήλῳ *(griech., sprich: zēlō):* mit demselben Eifer
7 **contubernālis:** Freund
8 **ēditiō:** Veröffentlichung
9 **abhorrēre ab:** Angst haben vor
10 **error:** *(hier)* Unsicherheit
11 **albus calculus:** weißer Stimmstein zum Freispruch > Zustimmung; Plazet
12 **plānē:** schlichtweg – 13 **ēdere:** veröffentlichen – 14 **parātus:** fertig, abgeschlossen – 15 **dēsidia:** Trägheit *(des Plinius)* – 16 **libellus:** kleines Buch/Werk – 17 **ēmittere:** auf den Markt werfen – 18 **in manibus:** (noch) verbreitet
19 **grātia:** Reiz, Charme
20 **exuere:** verlieren – 21 **nisī tamen:** es sei denn
22 **bibliopōla:** Buchhändler
23 **blandīrī:** schmeicheln
24 **mendācium:** Unwahrheit
25 **commendāre:** fördern

1   Stellen Sie aus dem Text Informationen über den Literaturbetrieb und die Produktion sowie den Verkauf von Büchern zusammen.

2   Plinius weist Arrianus eine herausgehobene Rolle als Literaturkritiker zu: Weisen Sie dies im Brief nach.

3   Plinius gibt sich im Brief z. T. betont bescheiden: Arbeiten Sie Hinweise auf die Bescheidenheit heraus, aber auch, inwiefern die Bescheidenheit eher eine Pose ist und wo Plinius' Selbstbewusstsein erkennbar wird.

4 Eigentlich lässt der Briefanlass nicht unbedingt die Publikation des Briefes erwarten: Erörtern Sie Plinius' mutmaßliche Gründe für die Publikation und die mögliche Wirkung auf Leser.

In solchen Buchregalen und -schränken wurden in der Antike Buchrollen aufbewahrt.
Foto: bpk | The Metropolitan Museum of Art

S AcI und NcI

libros ibi esse dicunt. (AcI)
»Sie sagen/man sagt, die Bücher seien dort.«

Ein lateinischer AcI kann sich in einen NcI verwandeln, wenn das übergeordnete Prädikat ins Passiv verwandelt wird *(dicunt → dicuntur)*. In diesem Fall erscheint der Subjektsakkusativ des AcI als Subjekt im Nominativ *(libri)*:

libri ibi esse dicuntur. (NcI)
»Man sagt, die Bücher seien dort.«/»Die Bücher sind angeblich dort.«

Für die Übersetzung eines solchen NcI gibt es meist mehrere Möglichkeiten:
1. Man kann das finite Verb im Passiv *(dicuntur)* mit »man« und die Infinitivkonstruktion mit einem dass-Satz übersetzen;
2. Statt eines dass-Satzes kann man einen NcI, der von einem Verb des Sagens abhängt, auch eleganter mit einem Verb wie »angeblich« wiedergeben, um die indirekte Rede zum Ausdruck zu bringen.
3. Bei anderen Verben wie *videre* »sehen« → *videri* »gesehen werden; scheinen« lässt sich die Satzstruktur neben einem dass-Satz auch wörtlich wiedergeben:
   nihil scripsisse videor. (NcI)
   »Ich scheine nichts geschrieben zu haben.«/»Es scheint, dass ich nichts geschrieben habe.«

3. Plinius als Redner und Wohltäter seiner Heimat: Plin. 1,8 (C)

Plinius hatte seiner Heimatstadt die große Summe von 1,1 Millionen Sesterzen zur Errichtung einer öffentlichen Bibliothek gespendet. Zur Einweihung hielt er eine Rede, die er einem Saturninus zur Korrektur geben möchte. Er gibt sich unsicher, ob er die Rede wegen des Selbstlobs überhaupt veröffentlichen soll:

Petiturus sum, ut rursus vaces[1] sermoni, quem apud municipes[2] meos habui bibliothecam dedicaturus[3]. Memini quidem te iam quaedam adnotasse, sed generaliter[4]. Ideo nunc rogo, ut non tantum universitati[5] eius attendas,

5 verum etiam particulas[6], qua soles, lima[7] persequaris. Erit enim et post emendationem[8] liberum[9] nobis <sermonem> vel publicare vel continere.

Cunctationis[10] meae causae non tam in scriptis[11] quam in ipso materiae[12] genere consistunt. Est enim paulo quasi

10 gloriosius et elatius[13]: Onerabit hoc modestiam nostram, etiamsi stilus[14] ipse pressus demissusque[15] fuerit, propterea quod cogimur cum[16] de munificentia parentum nostrorum tum[16] de nostra disputare.

Praeterea meminimus, quanto maiore animo[17] | honesta-

15 tis fructŭs[18] | in conscientia[19] quam in fama reponatur[20]. Sequi enim gloria, non adpeti debet; nec si casu aliquo non sequatur, idcirco, quod gloriam meruit, minus pulchrum est. Hi vero, qui benefacta sua verbis adornant, non ideo <ea> praedicare, quia fecerint, sed, ut praedicarent, fecisse

20 creduntur[21]. Sic <id>, quod magnificum referente alio[22] fuisset, ipso, qui gesserat, recensente[23] vanescit[24].

Ipsum sermonem non apud populum, sed apud decuriones[25] habui, nec in propatulo[26], sed in curia. Vereor ergo, ut sit satis congruens[27], cum in dicendo adsentationem

25 vulgi acclamationemque defugerim, nunc eadem illa editione sectari[28].

---

1 vacāre + *Dat.*: Zeit haben für
2 mūniceps, cipis: (Mit-)bürger (einer Provinzstadt) – 3 dēdicāre: einweihen – 4 generāliter: ganz allgemein – 5 ūniversitās: das Ganze (→ *die gesamte Rede*)
6 particula: Einzelheit, Detail
7 līma: Feile → Sorgfalt
8 ēmendātiō: Verbesserung
9 līberum (mihī) est + *Inf.*: es steht (mir) frei zu

10 cūnctātiō: das Zögern (*d. h. die Rede zu publizieren*)
11 scrīptum: Schrift(stück)
12 māteria: Stoff, Thema
13 ēlātus: pathetisch – 14 stilus: Schreibgriffel > Stil – 15 pressus dēmissusque: schlicht und anspruchslos – 16 cum ... tum: sowohl ... als auch

17 quantō māiōre animō ... quam ... repōnātur: (*etwa*) dass bei einem großen Charakter (der Lohn) eher (in ...) liegt als ...
18 frūctus: Lohn – 19 cōnscientia: das eigene Bewusstsein (der guten Tat) – 20 repōnī (*Pass.*) in + *Abl.*: sich gründen auf; liegen in
21 crēduntur: (*hiervon hängen die NcIs* hī nōn ideō praedicāre, sed fecisse *ab*) man glaubt, dass die ... – 22 referente aliō: sofern es ein anderer berichtet hätte
23 ipsō recēnsente: wenn es derjenige selbst beurteilt
24 vānēscere: wertlos werden
25 decuriō: Stadtrat (*Provinz*)
26 in prōpatulō: öffentlich (vor dem Volk) – 27 congruēns: logisch – 28 sectārī: suchen, erstreben (*Intensivum zu* sequī; *als Obj. ist* acclāmātiōnem *zu ergänzen*)

1 Der Brief enthält mehrere Themen: Nennen Sie die verschiedenen Themen und erläutern Sie deren gedanklichen Zusammenhang im Brief.

2 Arbeiten Sie aus dem Text die allgemeingültigen Botschaften, die sich an einen breiteren Leserkreis richten, heraus.

3 Arbeiten Sie heraus, wie Plinius in dem Brief zwischen Bescheidenheit und verdecktem Eigenlob in seiner Rolle als Wohltäter schwankt.

4 Im Brief befinden sich mehrere Paradoxa: Nennen und erklären Sie diese.

5 Plinius problematisiert in der zweiten Texthälfte den römischen Wertbegriff *gloria:* Erläutern Sie das *gloria*-Konzept im Brief.

K Öffentliche Bibliotheken in der Antike

In Rom wurde die erste öffentliche Bibliothek erst 39 v. Chr. von Asinius Pollio eingerichtet, Augustus eröffnete 28 v. Chr. eine weitere auf dem Palatin beim Apollo-Tempel; in der Spätantike gab es in der Stadt immerhin 28. Der Zweck solcher Bibliotheken lag darin, Gebildeten und wissenschaftlich Interessierten den Zugang zu den teuren Büchern zu ermöglichen; allerdings dienten sie mit ihrer prächtigen Ausstattung auch der öffentlichen Repräsentation und dem Ruhm ihrer Stifter. Ausleihen waren prinzipiell nicht möglich.

Celsus-Bibliothek in Ephesos, ca. 120 n. Chr. gestiftet von einem reichen römischen Senator zu Ehren seines Vaters Celsus, der im Fundament der Bibliothek sein Grabmal erhielt. Foto: Benh LIEU SONG (Wikimedia Creative Commons Lizenz)

4. Das Imperium Romanum im Prinzipat

Von der Republik zum Prinzipat

Plinius lebte in einer Zeit, in der sich seit dem Ende der Republik vieles grundlegend geändert hatte. Bei antiken Autoren wie dem Geschichtsschreiber und Plinius-Freund Tacitus und auch in modernen Geschichtsbüchern und Medien (Filme, Romane) findet man z. T. negative Urteile über den römischen Prinzipat im Vergleich zur Republik. Dies hängt mit der Alleinherrschaft des Princeps und dem damit verbundenen Verlust politischer Gestaltungsmöglichkeiten der alten Elite (Senatoren, Patrizier) zusammen. Allerdings konnte ein so riesiges Reich, das zu Plinius' Zeiten die gesamte Mittelmeerwelt mit 50–60 Millionen Bewohnern unterschiedlichster Sprachen und Kulturen umfasste, nicht mehr wie ein Stadtstaat verwaltet werden.

Der politische Wandel trat allmählich ein: So wurden noch unter Augustus hitzige Debatten im Senat geführt und dort sogar Gesetzesvorhaben des Princeps abgelehnt; Volksversammlungen sind bis Claudius (41–54 n. Chr.) bezeugt; Wahlen zu den stadtrömischen Magistraturen fanden mindestens bis in die Zeit Neros (54–68 n. Chr.) statt. Der Senat war für die Gesetzgebung zuständig und gewann so und auch durch die sich ausweitende Provinzverwaltung an Zuständigkeiten gegenüber der Republik hinzu. Seit Trajan (98–117 n. Chr.) wurden allerdings die Kaiser die eigentlichen Gesetzgeber des Reiches.

Macht und Aufgaben des Princeps

Die Macht des Princeps beruhte auf drei wichtigen Säulen: Zunächst war er Oberbefehlshaber des Heeres; weiter besaß er die größten Finanzressourcen (u. a. durch die Provinz Ägypten) im Reich, mit denen er als einziger auch Heer und Getreideversorgung finanzieren konnte; schließlich hatte er die Machtbefugnisse und Privilegien der Volkstribune *(tribunicia potestas).*

Der Princeps bildete ein politisches Gegengewicht gegen den Senat und die senatorische Oberschicht im Ganzen, was die Kritik senatorischer Autoren am Prinzipat erklärt: So vertraten die meisten Principes seit Augustus die Interessen der von der Elite vernachlässigten sozialen Gruppen (Plebs, Sklaven, Freigelassene, provinziale Bevölkerung). Weil die Principes den Rückhalt der einfachen Massen suchten, gab es viele Wohltaten für die Plebejer (Spiele, Getreidespenden, finanzielle Unterstützung). Sklaven erhielten zunehmende Rechtssicherheit gegen Misshandlungen und Tötung. Die Freigelassenen wurden seit Augustus in den stadtrömischen Kult und die aktive Verwaltung der Stadtviertel Roms einbezogen. Die Provinzialen wurden durch die letztlich vom

Trajan-Statue in Xanten;
Foto: Lutz Langer (Wikimedia Creative Commons Lizenz)

Kaiser kontrollierte Verwaltung vor Ausbeutung durch römische Amtsträger geschützt und vielfach finanziell gefördert. Der Princeps war *patronus* der unterworfenen Stadtstaaten (gr. *póleis*) als *clientes,* deren Streitigkeiten untereinander er schlichtete. Er kontrollierte auch deren jeweilige Verfassungen: So stellte Augustus in Athen die Demokratie wieder her. Kaiserlich organisiert war auch der Straßenbau, der Mobilität, Reisesicherheit und Handel förderte.

Gefolgschaft des Princeps: die Ritter

Eine zentrale Rolle in der Reichsverwaltung spielten die Ritter, deren Stand Augustus neu definierte: Der *ordo equester* bestand nun aus 5.000 wohlhabenden Männern mit einem Mindestvermögen von 400.000 Sesterzen oder einem Jahreseinkommen von 100.000 Sesterzen (zum Vergleich: Ein Legionär verdiente im Jahr 1.200, ein Centurio 4.500 Sesterzen). Vertrauensleute des Princeps wurden von ihm persönlich als Ritter in den »Adels«-Stand erhoben und mit einem goldenen Ring ausgezeichnet. Regelmäßig nahm er in Rom die große Ritterparade ab, in der ihm dieser Stand als persönliche Gefolgschaft und *clientela* huldigte. Durch die Ritter, die zunehmend gegenüber den oft inkompetenten Senatoren bei zentralen Verwaltungsposten bevorzugt wurden, entstand der alteingesessenen Aristokratie eine starke Konkurrenz, zu der auch Plinius gehörte. Wie das Beispiel Plinius zeigt, banden die Kaiser auch die provinzialen Eliten eng an sich, sodass die stadtrömische Nobilität an Einfluss verlor. Dies förderte die Integration und den Zusammenhalt des Imperiums, auch wenn die alte römische Stadtaristokratie dies und die im Vergleich zur Republik größere soziale Mobilität im Prinzipat natürlich kritisch sah.

Verwaltung der Provinzstädte im Prinzipat

Römische Herrschaft bestand häufig zunächst einmal in der Tributpflichtigkeit gegenüber Rom. Ansonsten behielten die meisten griechischen oder keltischen *civitates* ihre alten Strukturen bei. In Italien wurden die Städte bzw. *municipia* ähnlich wie die Hauptstadt in republikanischer Zeit regiert: An der Spitze standen zwei *duumviri* (= Konsuln) und ein Senat, deren Mitglieder *decuriones* hießen. Teilweise gab es noch weitere Ämter wie Aedilen oder Praetoren. In die Ämter wurde man gewählt, wie auch die vielen Wahlkampf-Inschriften aus dem kaiserzeitlichen Pompeji zeigen. Reiche Lokalpolitiker wirkten vielfach als *patroni* ihrer Heimatstädte *(= clientela)* und vertraten deren Interessen in Rom.

1   Stellen Sie zusammen, für welche sozialen Gruppen im Reich der Prinzipat Vor- oder Nachteile brachte und begründen Sie dies.

2   Ordnen Sie Plinius' Stellung und Wirken in die Kultur des Prinzipats ein.

Römische Wertekonstruktionen bei Plinius

1. Jagd und Bildung: Plin. 1,6 (A)

In einem etwas selbstironischen Brief an den befreundeten Historiker Tacitus beschreibt Plinius, wie er die typisch aristokratische Freizeitbeschäftigung (otium) Jagd mit der Tätigkeit der wissenschaftlichen Schriftstellerei (studia) verbindet.

C. PLINIUS CORNELIO TACITO SUO S.

Ridebis, et licet rideas[1]. Ego, ille quem nosti[2], apros[3] tres et quidem pulcherrimos cepi. ›Ipse?‹ inquis. Ipse; non tamen <ita,> ut omnino ab inertia[4] mea et quiete discederem[5]. Ad retia[6] sedebam; erat in proximo non venabulum[7] aut
5 lancea, sed stilus[8] et pugillares[9]; meditabar aliquid enotabamque, ut, si manus vacuas, plenas tamen[10] ceras[11] reportarem. Non est quod[12] contemnas hoc studendi genus. Mirum est, ut animus agitatione motuque corporis excitetur[13]: Iam undique silvae et solitudo ipsumque
10 illud silentium, quod venationi datur[14], magna cogitationis incitamenta[15] sunt.

Proinde cum venabere[16], licebit[17] auctore me – ut panarium[18] et lagunculam[19] – sic etiam pugillares feras: Experieris non Dianam magis montibus quam Minervam
15 inerrare. Vale.

1 licet <ut> rīdeās: du darfst ruhig lachen – **2 nōstī** = nōvistī – **3 aper:** Eber – **4 inertia:** Untätigkeit
5 discēdere ab: aufgeben – **6 rēte, is** *n.:* Netz *(zum Tiere-Fangen)*
7 vēnābulum: Jagdspieß – **8 stilus:** Schreibgriffel – **9 pugillārēs** *Pl.:* Schreibtäfelchen – **10 sī … tamen:** wenn schon … dann wenigstens
11 cēra: Wachs(tafel) – **12 nōn est quod:** es besteht kein Grund, dass – **13 excitāre:** anregen
14 darī + *Dat.: (hier)* gehören zu
15 incitāmentum: Anreiz

16 vēnābere = vēnāberis (vēnārī: jagen) – **17 līcēbit <ut> ferās:** du wirst mitnehmen dürfen
18 pānārium: Brotkorb
19 laguncula: Fläschchen

1 *Vor der Lektüre:* Benennen Sie die Sachfelder im Text und notieren Sie die zugehörigen Wörter. Beschreiben Sie, wie sich die Sachfelder im Text verteilen.

2 Nennen Sie auffällige Stilmittel; beschreiben Sie auch etwas allgemeiner die Stilebene des Briefes (z. B. umgangssprachlich oder formell).

3 Aus dem Brief lässt sich implizit entnehmen, was Tacitus von Plinius' Jagdkünsten hielt: Stellen Sie hierüber Vermutungen an.

4 Erklären Sie die Erwähnung von Diana und Minerva am Briefschluss.

5 Erläutern Sie, welchen Wert Plinius in dem Brief den *studia* zuweist.

otium und studia in der römischen Oberschicht der Kaiserzeit

Im Prinzipat ermöglichte der Wegfall fortwährender Wahlkämpfe und Bürgerkriege der Oberschicht ein geregeltes Leben und die Gestaltung eines frei gewählten *otium* (»Muße«). In der Zeit der Republik war der Begriff *otium* nicht unbedingt positiv behaftet, da das Ideal im stetigen Engagement für Staat und Politik *(negotium)* lag.

In der Kaiserzeit wurden bei der reichen Oberschicht die *studia,* d. h. philosophische Bildung und wissenschaftliche bzw. historische Interessen im weitesten Sinne, als Freizeitbeschäftigung zunehmend gesellschaftlich akzeptiert. Allerdings gehörte nach wie vor eine Art von Ämterlaufbahn zum Ideal eines vornehmen Römers dazu, um sich *gloria* (»Ruhm«) zu erwerben. Plinius verteidigt in seinen Briefen den Beitrag der *studia* für die *gloria.*

Jadgszene. Mosaik aus Tunis, 2.-3 Jhdt. n. Chr.; Foto: akg/Science Photo Library

S Nebensätze: Übersetzung des lateinischen Konjunktivs

In den meisten Nebensätzen wird der lateinische Konjunktiv in der deutschen Übersetzung nicht berücksichtigt, d. h. man übersetzt ihn entweder mit einem Indikativ oder bei vielen Finalsätzen eleganter mit einem Infinitiv.

Konsekutivsatz: *non ita venatus sum, **ut** ab inertia discederem.*
Ich habe nicht **so** gejagt, **dass** ich von meiner Untätigkeit abgewichen bin.

Finalsatz: *enotabam aliquid, **ut** plenas ceras reportarem*
ich habe etwas notiert, **um** volle Wachstafeln heim**zu**tragen

Begehrsatz: *timeo, **ne** rideas/vereor, **ut** sit congruens*
ich fürchte, **(dass)** du lachst/ich fürchte, **dass** es **nicht** … (ergänzen Sie)

abhängige Frage: *mirum est, **ut** animus excitetur*
es ist erstaunlich, **wie** der Geist … (ergänzen Sie)

Bei einigen Verben wie *licet* oder *rogo* fehlt im Briefstil meist das *ut:*
licet rideas »du darfst lachen«; *rogo legas* »ich bitte dich zu lesen«.

2. Ländliches *otium* als Anti-Stress-Therapie: Plin. 1,9 (B)

In einem Brief an den ebenfalls schriftstellerisch tätigen Minicius Fundanus beschreibt Plinius, wie »stressig« der Alltag eines vornehmen Römers aussehen kann und wie gut die Muße auf dem Landgut tut:

C. PLINIUS MINICIO FUNDANO SUO S.

Mirum est, quam singulis[1] diebus in urbe ratio aut constet[2] aut constare videatur, pluribus iunctisque[3] <diebus> non constet. Nam, si quem interroges: ›Hodie quid egisti?‹, respondeat: ›Officio[4] togae virilis[5] interfui, sponsalia[6] aut

5 nuptias frequentavi, ille me ad signandum testamentum, ille in advocationem[7], ille in consilium rogavit.‹

Haec, quo die[8] feceris[9], necessaria <videntur>; eadem, si cottidie fecisse te reputes[10], inania videntur, multo magis, cum secesseris[11]. Tunc enim subit recordatio[12]: ›Quot dies

10 quam frigidis[13] rebus absumpsi!‹

Quod evenit mihi, postquam[14] in Laurentino[15] meo aut lego aliquid aut scribo aut etiam corpori vaco[16], cuius fulturis[17] animus sustinetur. Nihil audio, quod audisse, nihil dico, quod dixisse paeniteat[18]. Nemo apud me quemquam

15 sinistris[19] sermonibus carpit[20]; neminem ipse reprehendo, nisi tamen me, cum parum commode[21] scribo. Nulla spe, nullo timore sollicitor, nullis rumoribus inquietor[22]: Mecum tantum et cum libellis[23] loquor.

O rectam sinceramque vitam[24], o dulce otium hones-

20 tumque[25] ac paene omni negotio pulchrius! O mare, o litus, verum secretumque μουσεῖον[26], quam multa[27] invenitis, quam multa dictatis[28]!

Proinde tu quoque strepitum istum inanemque discursum[29] et ineptos[30] labores, ut primum[31] fuerit[32] occasio,

25 relinque teque studiis vel otio trade! Satius[33] est enim otiosum esse quam nihil[34] agere. Vale.

1 **singulus:** ein einzelner
2 **ratiō cōnstat:** (die Rechnung geht auf →) ich bin zufrieden
3 **plūribus iūnctīsque:** wenn man mehrere (Tage) zusammen nimmt – 4 **officium:** *(hier)* Feier
5 **toga virīlis:** »Männertoga«
6 **spōnsālia** *Pl.:* Verlobung
7 **advocātiō:** Rechtsbeistand bei Gericht *(als Anwalt)*
8 **quō diē** = eō diē, quō
9 **fēceris:** *Konj. Pf. (Potentialis)*
10 **reputāre:** bedenken
11 **sēcēdere:** sich aufs Land zurückziehen *(hier Fut. II)*
12 **recordātiō:** Gedanke
13 **frīgidus:** *(hier)* unwichtig
14 **postquam** + *Präs.:* seit
15 **Laurentīnum:** Plinius' Gut bei Ostia – 16 **corporī vacāre:** sich Zeit für Bewegung und Wellness nehmen – 17 **fultūra:** Stärkung – 18 **paenitet** (mē): ich bereue – 19 **sinister:** *(hier)* abfällig – 20 **carpere:** kritisieren
21 **commodē:** treffend
22 **inquiētāre:** beunruhigen
23 **libellus:** mein liebes Buch

24 **ō … vītam:** *Akk. des Ausrufs* – 25 **honestum ōtium:** *ist im Rahmen der traditionellen römischen Werte fast ein Widerspruch in sich* – 26 **μουσεῖον** *(griech., sprich: mūseĩon): Art Akademie in Alexandria, hier übertragen: Ort für studia*
27 **multa** <verba> – 28 **dictātis** <mihi>: eingeben – 29 **discursus:** Geschäftigkeit – 30 **ineptus:** sinnlos – 31 **ut prīmum:** sobald
32 **fuerit:** *Fut. II* – 33 **satius:** besser – 34 **nihil:** *(hier)* etwas Nichtiges

1 Gliedern Sie den Brief und nennen Sie die verschiedenen Themen.

2 Nennen Sie die auffälligsten Stilmittel im dritten und vierten Abschnitt und erläutern Sie deren Funktion für den Inhalt.

3 Der Brief liefert einige Informationen darüber, worin die *negotia* eines Angehörigen der Oberschicht bestanden und wie er sich erholte: Nennen Sie die *negotia* und Formen des *otium;* erörtern Sie, warum diese *negotia* als anstrengend empfunden wurden, auch wenn es uns sonderbar scheint.

4 Beschreiben Sie, welche Rolle Plinius dem *otium* im vorletzten Abschnitt zuweist und wie er dies stilistisch untermalt.

5 Erläutern Sie das Paradoxon im letzten Satz: Was bedeutet hier der Gegensatz von *otiosum esse* und *nihil agere?*

6 Vergleichen Sie die römischen Alltags-Rituale mit unseren Ritualen.

K Römische Rituale des Alltagslebens

toga virilis: Im Alter von 15–18 Jahren wurden Jungen feierlich mit dem Anlegen der *toga virilis* in die Erwachsenenwelt aufgenommen.

Verlobung: Vor der Hochzeit gab es in der Oberschicht meist eine (von den Eltern z. T. im Kindesalter arrangierte) Verlobung: Der Bräutigam steckte der Braut dabei den Verlobungsring an den Ringfinger, trug selbst aber keinen Ring.

Hochzeit: Eine Erst-Hochzeit war eine sehr aufwändige, rein säkulare (d. h. keine religiöse) Feier, die erst im Haus der Braut und dann im Haus des Bräutigams mit vielen Ritualen stattfand. Die Braut sprach die Formel: *Ubi tu Gaius, ego Gaia.*

Testament: Für die Gültigkeit musste ein Testament vor mehreren Zeugen unterzeichnet *(signare)* werden. Auch für dieses Ereignis gab es ein Fest.

S Der lateinische Konjunktiv als Potentialis

Im Lateinischen kann der Konj. Präs. oder Perf. eine Möglichkeit ausdrücken und muss dann im Deutschen mit Hilfsverben *(könnte; dürfte; würde)* oder entsprechenden Adverbien *(wohl; vielleicht; möglicherweise)* umschrieben werden. Dieser Konjunktiv mit potentialer Funktion steht meist in Hauptsätzen und Kondizionalsätzen, z. T. auch in Relativsätzen.

si quem interroges, respondeat
wenn du jemanden fragen würdest, könnte (dürfte) er (wohl) antworten

3. Wie passen *gloria* und *otium* zusammen? Plin. 9,3 (C)

Das problematische Spannungsverhältnis von Ruhm und Muße behandelt Plinius in einem Brief an seinen engen Freund Paulinus (cos. 107). Wie der Text zeigt, bleibt für die Oberschicht das Streben nach Ruhm bei der Nachwelt auch in der Kaiserzeit zentral:

C. PLINIUS PAULINO SUO S.

Alius alium, ego beatissimum existimo <eum>,

qui bonae mansuraeque famae praesumptione[1] perfruitur

certusque posteritatis[2] cum futura gloria vivit.

Ac mihi nisi[3] praemium aeternitatis ante oculos <sit>,

5 pingue[4] illud altumque otium placeat.

Etenim[5] omnes homines arbitror oportere[6] aut immor-

talitatem suam aut mortalitatem cogitare[7];

et[8] illos quidem contendere, eniti,

hos quiescere, remitti[9] nec brevem vitam caducis[10] labori-

10 bus fatigare[11],

<ita> ut video multos misera simul et ingrata imagine[12]

industriae[13] ad vilitatem sui[14] pervenire.

Haec ego tecum[15], quae cotidie mecum[15], ut desinam[16]

mecum, si dissentis[17] tu. Quamquam[18] non dissenties,

15 utqui[19] semper clarum aliquid et immortale meditere[20].

Vale.

1 praesūmptiō + *Gen.:* Vorgriff, Vorgeschmack *(auf etw.)*
2 posteritās, tātis: *(hier)* Beifall der Nachwelt – **3 mihī nisī** = nisī mihī – **4 pinguis:** üppig, behaglich – **5 etenim** = enim
6 oportet + *AcI (hominēs … cōgitāre):* es ist nötig, dass; man muss – **7 cōgitāre** + *Akk.:* denken an – **8 et** <arbitror oportēre> + *AcI* – **9 remittī** *(Pass.):* sich erholen – **10 cadūcus:** nutzlos – **11 fatīgāre:** belasten, erschweren – **12 imāgō**, ginis f.: bloßer Anschein – **13 industria:** Aktivität – **14 vīlitās suī:** die eigene Nichtigkeit – **15 tēcum** <āiō> … **mēcum** <āiō>: ich spreche zu dir … ich spreche zu mir – **16 dēsinere:** aufhören
17 dissentīre: anderer Meinung sein – **18 quamquam:** *(hier)* allerdings – **19 utquī** + *Konj.:* weil (du) ja – **20 meditēre** = meditēris < **meditārī:** bedacht sein auf

1 *Vor der Lektüre:* Informieren Sie sich über die Bedeutung des lateinischen Begriffs *gloria;* lesen Sie dazu auch die Info-Texte S. 29 und S. 33.

2 Arbeiten Sie aus dem Text heraus, worin für Plinius das Spannungsverhältnis zwischen *gloria* und *otium* genau besteht.

3 Plinius stellt im Brief zwei Personengruppen einander gegenüber: Stellen Sie in einer Tabelle die beiden Gruppen mit den jeweiligen Eigenschaften und Handlungen zusammen – nennen Sie jeweils die lat. Begriffe.

4 Im Text gibt es einige Substantivbildungen auf *-tas, -tatis f.:* Nennen Sie die Beispiele, erklären Sie Wortbildung sowie Bedeutung.

| Potentialis; AcI – beatus; fama; gloria; aeternus; mortalis; contendere

5   Vergleichen Sie das problematische Spannungsverhältnis von *gloria* und *otium* bei Plinius und Sallust.

K   Zentrale Wertbegriffe der römischen Oberschicht

In der römischen Gesellschaft spielte ein von republikanischer Zeit bis in die Spätantike relativ konstanter Wertekanon eine zentrale Rolle. Das, was den idealen Mann ausmacht, bezeichnete man als *vir-tus*. Dazu gehören militärische Leistungen und politisches Engagement im Dienst an der *res publica,* was alles *honos* einbrachte und daher als *hones-tum* (»ehrenvoll«) galt. Aufgrund dieser Werte oder »Tugenden« *(virtutes)* erlangten die Mitglieder der Nobilität wiederum Ruhm *(gloria, fama)* zu Lebzeiten und Nachruhm *(memoria)* bei ihren Nachfahren *(posteritas).* Unsterblichkeit *(immortalitas)* konnte man nach römischer Auffassung nur durch dieses Weiterleben in der Erinnerung der Nachwelt erwerben.

In der Kaiserzeit blieb diese Werteordnung in Kraft, was eigentlich ein mit öffentlichen *negotia* angefülltes Leben bedeutete. Wissenschaftlich-literarische Beschäftigung *(studia),* die im Grunde Teil des *otium* war, musste daher immer wieder gerechtfertigt werden.

Schriftstellerei und *gloria* in der ausgehenden Republik: Sall. Cat. 3–4

Der römische Autor Sallust (86–35 v. Chr.) ist in der Politik gescheitert und reflektiert in seinem Geschichtswerk zur catilinarischen Verschwörung den Wert von Geschichtsschreibung im Rahmen römischer Werte.

3 Es ist schön, dem Staat gute Dienste zu leisten; auch ein guter Redner zu sein, ist nicht schlecht; in Krieg und Frieden kann man berühmt werden. Und viele, die Taten vollbracht haben, und die, die die Taten anderer beschrieben haben, werden gelobt. Und mir scheint Geschichtsschreibung, auch wenn der Geschichtsschreiber nie dieselbe *gloria* erntet wie der Vollbringer der Taten, eine besonders schwierige Aufgabe zu sein. (…)
4 Sobald (…) ich mich entschlossen hatte, mein restliches Leben fern von der Politik zu verbringen, hatte ich nicht vor, ein edles *otium* in schlaffer Trägheit hinzubringen und durch Landwirtschaft oder Jagd, d. h. sklavische Beschäftigungen, die Zeit zu verbringen; stattdessen kehrte ich zu dem schon früher begonnenen *studium* zurück, von dem mich falscher politischer Ehrgeiz abgebracht hatte; und ich beschloss, die Geschichte des römischen Volkes in Auswahl – so wie es mir jeweils der *memoria* wert erschien – aufzuschreiben.

4. Ein Tagesablauf auf dem Landgut: Plin. 9,36 (A/B)

Plinius beschreibt Fuscus minutiös seinen Tagesablauf auf einem seiner Landgüter in Etrurien –
Fuscus war ein jüngerer Zeitgenosse von patrizischer Abkunft und 118 n. Chr. zusammen mit
Kaiser Hadrian Konsul.

C. PLINIUS FUSCO SUO S.

Quaeris, quemadmodum in Tuscis[1] diem aestate dispo-
nam[2].

Evigilo[3], cum libuit, plerumque circa horam primam,
saepe ante, tardius[4] raro. Clausae fenestrae manent; mire[5]

5 enim silentio et tenebris[6] ab iis, quae avocant[7], abductus
et liber et mihi relictus[8] non oculos animo, sed animum
oculis sequor, qui eadem quae[9] mens vident, quotiens non
vident[10] alia. Cogito, si quid in manibus[11] <est>, cogito ad
verbum[12] scribenti emendantique[13] similis nunc pauciora,

10 nunc plura, ut[14] vel difficile vel facile componi[15] tenerive[16]
potuerunt[17]. Notarium[18] voco et die admisso[19], quae for-
maveram[20], dicto; abit, rursusque revocatur, rursusque
dimittitur.

Ubi hora quarta vel quinta (neque enim certum dimen-
15 sumque[21] tempus), ut dies[22] suasit, in xystum[23] me vel
cryptoporticum[24] confero[25], reliqua meditor et dicto. Vehi-
culum ascendo. Ibi quoque idem <ago> quod ambulans
aut iacens <egi>; durat intentio[26] mutatione ipsā refectā[27].
Paulum redormio, dein ambulo, mox orationem Grae-
20 cam Latinamve clare et intente non tam vocis causa quam
stomachi[28] lego; pariter tamen et illa[29] firmatur. Iterum
ambulo, ungor[30], exerceor[31], lavor.
Cenanti mihi, si cum uxore vel paucis <ceno>, liber legitur[32]; post cenam comoedia aut lyristes[33]. Mox cum meis
25 ambulo, quorum in numero[34] sunt eruditi[35]. Ita variis ser-

1 **Tuscī <agrī>**: Landgut in Etrurien – 2 **dispōnere**: einteilen
3 **ēvigilāre**: aufwachen
4 **tardus**: spät – 5 **mīrē**: auf erstaunliche Weise – 6 **silentiō et tenebrīs**: aufgrund der Stille und Dunkelheit – 7 **āvocāre**: ablenken – 8 **relictus** (mihī): (mir selbst) überlassen – 9 (**eadem**) **quae**: (dasselbe) wie – 10 **nōn vident …**: *aufgrund der Dunkelheit; Plinius sieht nur mit dem geistigen Auge* – 11 **in manibus**: in Arbeit – 12 **ad verbum**: aufs Wort, genau
13 **ēmendāre**: verbessern – 14 **ut**: je nachdem, wie – 15 **compōnere**: entwerfen, skizzieren – 16 **tenēre**: beibehalten – 17 **potuērunt**: *Subj.* = Texte o.Ä. – 18 **notārius**: Schreiber, Sekretär – 19 **diem admittere**: Tageslicht hereinlassen – 20 **fōrmāre**: entwerfen

21 **dīmēnsus**: abgemessen
22 **diēs**: *(hier)* Wetter – 23 **xystus**: Terrasse – 24 **cryptoporticus**: überdachter Wandelgang
25 **sē cōnferre**: sich begeben
26 **intentiō**: Konzentration
27 **reficere**: beleben

28 **stomachus**: Magen *(lautes Lesen galt als verdauungsfördernd)*
29 **illa** = vōx – 30 **ung(u)ere**: salben, massieren – 31 **exercērī**: Sport treiben – 32 **mihī legitur**: mir wird vorgelesen – 33 **lyristēs**: Lautenspieler – 34 **quōrum in numerō**: unter denen
35 **ērudītus**: gebildet

| Part. Coni.; Komparativ – libet; -ve; ubi; ut; paulum; quamvis

monibus vespera extenditur[36], et quamquam longissimus[37] dies bene conditur[38].

Venor[39] aliquando, sed non sine pugillaribus, ut, quamvis nihil ceperim[40], non nihil[41] referam. Datur et colonis[42], ut
30 videtur ipsis, non satis temporis, quorum[43] mihi agrestes[44] querelae litteras nostras et haec urbana opera commendant[45].

36 **extendere:** verbringen
37 **quamquam longissimus:** ein noch so langer (Tag) – 38 **condere:** *(hier)* beenden – 39 **vēnārī:** jagen
40 **capere:** erbeuten – 41 **nōn nihil:** immerhin etwas
42 **colōnus:** Pächter – 43 **quōrum** *gehört zu* querēlae – 44 **agrestis:** bäuerlich, bäurisch
45 **commendāre:** schmackhaft machen

1 Erstellen Sie eine grobe Gliederung des Briefes und rechnen Sie die genannten Tageszeiten in unsere Uhrzeiten um.

2 Sortieren Sie Plinius' Tätigkeiten im Brief nach den Kategorien *otium/studia* und *negotium:* Welchen Stellenwert haben die beiden Kategorien jeweils und wie werden sie gewertet?

3 Plinius (Ritter) schreibt an eine jüngere, aber sozial höher stehende Person (Patrizier) und versucht daher implizit seinen eigenen Status herauszustellen: Arbeiten Sie heraus, woran dies im Brief erkennbar wird.

K **Das Landgut (*rus* bzw. *villa*) als Rückzugsort der Reichen**

Plinius' große Landgüter waren die Grundlage seines Reichtums: Er besaß rund 1.000 km² Land, was fast halb Luxemburg entspricht. Das Land war an Bauern *(coloni)* verpachtet, die dem Grundbesitzer Abgaben leisteten. Plinius' im Brief behauptetes Desinteresse an der Landwirtschaft stimmt nicht mit der Realität überein: Plinius engagierte sich stark in gewinnbringenden Methoden der Bewirtschaftung. Außerdem waren Landgüter seit der Republik auch Rückzugsort der reichen Oberschicht und wurden als *villae suburbanae* luxuriös mit Bibliotheken, Thermen, Statuen und Parks ausgestattet. Die Ausstattung sollte Besuchern zeigen, was sich die Besitzer finanziell leisten konnten.

Rekonstruktion von Plinius' Landgut durch Friedrich Schinkel

Familie und soziale Beziehungen bei Plinius

1. Bräutigam gesucht! Plin. 1,14 (A)

Plinius soll für die Tochter von Mauricus' Bruder einen Bräutigam empfehlen und fühlt sich geschmeichelt. Er schlägt Minicius Acilianus vor, einen jungen Mann mit den (nach damaligen Maßstäben) besten Eigenschaften:

C. PLINIUS MAURICO SUO S.

Petis, ut fratris[1] tui filiae prospiciam[2] maritum; quod merito[3] mihi potissimum iniungis[4]. Scis enim, quantopere summum illum virum[5] suspexerim[6] dilexerimque, quibus ille adulescentiam meam exhortationibus foverit[7], quibus
5 etiam laudibus, ut laudandus viderer, effecerit[8]. Nihil est, quod a te mandari[9] mihi aut maius aut gratius, nihil, quod honestius a me suscipi[10] possit, quam ut eligam iuvenem, ex quo nasci nepotes Aruleno Rustico deceat.[11]

Qui quidem[12] diu quaerendus fuisset, nisi paratus et quasi
10 provisus[13] esset Minicius Acilianus, qui me ut iuvenis iuvenem (est enim minor pauculis annis[14]) familiarissime diligit, reveretur[15] ut senem. Nam ita formari[16] a me et institui cupit, ut ego a vobis[17] solebam. Patria est ei Brixia ex illa nostra Italia, quae multum[18] adhuc verecundiae, frugali-
15 tatis atque etiam rusticitatis[19] antiquae retinet ac servat. Pater Minicius Macrinus, equestris ordinis princeps[20], quia nihil altius voluit[21]. Habet aviam maternam[22] Serranam Proculam e municipio Patavio. Nosti loci mores: Serrana tamen Patavinis[23] quoque severitatis exemplum
20 est. Contigit[24] et avunculus[25] ei P. Acilius gravitate, prudentia, fide prope singulari. In summa: Nihil erit in domo tota, quod non tibi tamquam[26] in tua placeat.

Aciliano vero ipsi plurimum[27] vigoris[28], industriae <est>, quamquam in maxima verecundia. Quaesturam, tribu-
25 natum, praeturam honestissime praecucurrit[29]. Est illi

1 frāter = Arulenus Rusticus
2 prōspicere + *Dat.*: aussuchen *(für)* – **3 mérĭtō**: zu Recht
4 iniungere: auftragen – **5 virum** = Arulenus Rusticus – **6 suspicere**, spiciō, spexī, spectum: verehren
7 fovēre: fördern – **8 efficere, ut**: dafür sorgen, dass – **9 mandāre**: übertragen – **10 suscipere**: übernehmen – **11 ex quō …** **deceat**: *(etwa)* der dem A. R. zu Recht Enkel geben kann

12 quī quidem: so ein (Mann) **13 prōvīsus**: vorherbestimmt **14 minor pauculīs annīs**: ein paar Jährchen jünger (als ich) **15 reverērī**: verehren **16 fōrmāre**: ausbilden – **17 vōbīs**: gemeint sind Iunius Mauricus und sein Bruder Arulenus – **18 multum** + *Gen.*: viel an – **19 rūsticitās**: ländliche Einfachheit **20 prīnceps**: der ranghöchste (im Ritterzensus) – **21 nihil altius voluit**: *er wollte nicht durch die ihm von Vespasian angebotene Prätur in den Senatorenstand aufsteigen* – **22 aviam māternam**: Großmutter mütterlicherseits **23 Patavīnī**: Einwohner von Pativium/Padua – **24 contigit eī**: er hatte – **25 avunculus**: Onkel **26 tamquam**: ebenso wie **27 plūrimum** + *Gen.*: sehr viel an – **28 vigor**: Energie **29 praecurrere**: (den *cursus honorum*) durchlaufen

30 facies liberalis[30] multo sanguine[31], multo rubore[32] suffusa; est ingenua[33] totius corporis pulchritudo et quidam senatorius decor[34]. Quae ego nequaquam arbitror neglegenda <esse>. Debet enim hoc castitati puellarum quasi praemium dari[35]. Nescio an adiciam[36] esse patri eius amplas

35 facultates[37]. Et sane de posteris[38] et his pluribus[39] cogitanti[40] hic quoque in condicionibus deligendis[41] ponendus est calculus[42].

Tu fortasse putes me indulsisse[43] amori meo supraque ista[44], quam res patitur, sustulisse[45]. At ego fide mea

40 spondeo futurum, ut[46] omnia longe ampliora[47], quam a me praedicantur, invenias. Diligo quidem adulescentem ardentissime, sicut meretur. Sed hoc ipsum amantis est[48]: non onerare[49] eum[50] laudibus. Vale.

30 līberālis: edel – **31 sanguis, inis** *m.*: Blut, Frische – **32 rubor, ōris** *m.*: Röte, gesunde Farbe
33 ingenuus: natürlich
34 quīdam senātōrius decor: eine geradezu senatorische Würde
35 castitātī hoc praemium dare: dies der Keuschheit als Belohnung geben – **36 nesciō an adiciam:** vielleicht sollte ich hinzufügen – **37 facultātēs:** (Finanz-)Vermögen – **38 posterī:** Nachkommen, Kinder
39 et hīs plūribus: und zwar mehreren – **40 cōgitantī:** wenn man denkt an – **41 in … dēligendīs:** bei der Auswahl des Bräutigams – **42 calculum pōnere:** berücksichtigen – **43 indulgēre, dulgeō, dulsī, dultum** + *Dat.*: sich beeinflussen lassen von – **44 ista** = Acilianus' Vorzüge – **45 tollere, tollō, sustulī, sublātum:** *(hier)* hervorheben – **46 fidē … ut:** ich bürge dafür, dass – **47 amplus:** prächtig – **48 amantis est:** es ist Zeichen eines Liebenden
49 onerāre: überhäufen – **50 eum** = Acilianus

---

1 Stellen Sie die Informationen zusammen, die man aus diesem Brief über die Verheiratungspraxis im antiken Rom erfährt.

2 Arbeiten Sie heraus, was Plinius mit der Familie des Mauricus verbindet.

3 Arbeiten Sie heraus, wie Plinius den Acilianus entsprechend dem Briefanlass porträtiert und welche Vorzüge bzw. »römischen Werte« er verkörpert.

4 Erörtern Sie, warum Plinius diesen Brief in seine publizierte Sammlung übernommen hat und was dies für die beteiligten Personen bedeutet haben könnte.

5 Vieles an dem Brief erscheint uns heute sonderbar oder geradezu lächerlich: Nennen Sie die Punkte, die Ihnen auffallen, und versuchen Sie sie aus dem kulturgeschichtlichen Zeitkontext heraus zu erklären.

6 Sammeln Sie die Steigerungsformen im Text und nennen Sie die jeweilige Grund- bzw. Wörterbuchform.

2. Die beste Ehefrau von allen und eine großartige Tante: Plin. 4,19 (B)

Plinius ist zum dritten Mal verheiratet und beschreibt in einer Art Porträt-Brief an deren Tante Hispulla die Vorzüge seiner Frau Calpurnia. Hispulla hatte sich nach dem Tode ihres Bruders um die Erziehung von dessen Tochter Calpurnia gekümmert und auch deren Ehe mit Plinius arrangiert.

C. PLINIUS HISPULLAE SUAE S.

Cum sis pietatis exemplum

fratremque optimum et amantissimum tui[1] pari caritate[2] dilexeris[3]

filiamque[4] eius ut tuam[5] diligas

5 nec ei tantum amitae adfectum[6],

verum etiam patris amissi repraesentes[7],

non dubito

maximo tibi gaudio fore,

cum cognoveris

10 dignam patre, dignam te, dignam avo evadere[8].

Summum est acumen[9], summa frugalitas[10]: Amat[11] me, quod castitatis indicium est. Accedit[12] his studium litterarum, quod ex mei caritate[13] concepit[14]. Meos libellos habet, lectitat[15], ediscit[16] etiam. Quā illā sollicitudine[17],

15 cum videor acturus[18], quanto, cum egi, gaudio adficitur! Disponit[19], qui nuntient sibi, quem adsensum[20], quos clamores excitarim[21], quem eventum iudicii tulerim[22]. Eadem[23], si quando recito[24], in proximo[25] discreta[26] velo[27] sedet, laudesque nostras avidissimis auribus excipit.

20 Versūs quidem meos cantat etiam, formatque[28] citharā, non artifice[29] aliquo docente, sed amore, qui magister est optimus.

His ex causis in spem certissimam adducor perpetuam nobis maioremque in dies futuram esse concordiam. Non

25 enim aetatem[30] meam aut corpus, quae paulatim occid-

Randglossen:

1 **amāns tuī:** dich liebend
2 **cāritās:** Zuneigung – 3 **dīligere, ligō, lēxī, lēctum:** lieben – 4 **fīliam** = Calpurniam – 5 **ut tuam:** so wie deine eigene (Tochter)
6 **amitae adfectus:** die Zuneigung einer Tante – 7 **repraesentāre:** entgegenbringen – 8 **<eam> ēvādere:** (= AcI) dass sie sich … entwickelt – 9 **acūmen:** Intelligenz – 10 **frūgālitās:** Bescheidenheit – 11 **amat:** sie liebt *(wirklich nur mich, obwohl sie verheiratet wurde; andere verheiratete Frauen hatten offenbar Liebhaber)*

12 **accēdit:** es kommt hinzu
13 **cāritās meī:** Zuneigung zu mir – 14 **concipere, cipiō, cēpī, ceptum:** entwickeln – 15 **lēctitāre** < legere *(Intensivum)*
16 **ēdiscere:** auswendig lernen
17 **sollicitūdō:** Aufregung
18 **agere:** als Anwalt vor Gericht auftreten – 19 **dispōnere:** beauftragen – 20 **adsēnsus:** Beifall – 21 **excitārim** = excitāverim – 22 **ferre, ferō, tulī, lātum:** *(hier)* erzielen – 23 **eadem:** auch sie (Calpurnia) – 24 **recitāre:** eine Lesung (eigener Werke) veranstalten – 25 **in proximō** <locō> – 26 **discrētus:** verdeckt
27 **vēlum:** Vorhang – 28 **fōrmāre:** begleiten – 29 **artifex,** ficis: Musiklehrer – 30 **aetās:** *(hier)* Jugend

30 unt ac senescunt[31], sed gloriam diligit. Nec aliud decet[32] tuis manibus educatam[33], tuis praeceptis[34] institutam, quae nihil in contubernio[35] tuo viderit nisi sanctum[36] honestumque, quae denique amare me ex tua praedicatione[37] consueverit. Nam, cum matrem meam parentis

35 vice[38] venerēre[39], me a pueritia statim formare[40], laudare talemque, qualis nunc uxori meae videor, ominari[41] solebas. Certatim[42] ergo tibi gratias agimus: ego, quod illam mihi, illa, quod me sibi dederis, quasi <nos> invicem elegeris[43]. Vale.

31 senēscere: alt werden
32 decet + *Akk.:* es gehört sich für – **33 ēducāre:** erziehen
34 praeceptum: Vorschrift, Lehre – **35 contubernium:** Umgang – **36 sānctus:** anständig
37 praedicātiō: Empfehlung
38 parentis vice: wie eine eigene Mutter – **39 venerēre** = venerēris < venerī – **40 fōrmāre:** erziehen
41 ōminārī: ankündigen
42 certātim: um die Wette
43 invicem ēligere: füreinander auswählen

1 *Vor der Übersetzung:* Informieren Sie sich über Rolle und Aufgaben von Ehefrauen in der römischen Oberschicht (S. 41).

2 Nennen Sie die positiven Eigenschaften *(= virtutes),* die Plinius seiner Frau Calpurnia zuweist; vergleichen Sie sie mit dem gängigen (Ehe-)Frauenbild in Rom. Welche Eigenschaften kommen uns heute sonderbar vor?

3 Der Brief mit den beiden positiven *exempla* Calpurnia und Hispulla könnte sich gut an Frauen als intendiertes Lesepublikum gerichtet haben: Arbeiten Sie Hispullas Eigenschaft als Vorbild bzw. *exemplum* heraus.

4 Neben der expliziten Charakterisierung der beiden Frauen präsentiert Plinius implizit ein positives Portrait von sich selbst: Weisen Sie dies nach.

5 Was für ein Ehe-Bild liegt der Karikatur von Loriot zugrunde? Nennen Sie Unterschiede zu Plinius' Eheverständnis.

Illustration von Loriot
(aus: Loriot: Gesammelte
Bildergeschichten
Copyright © 2008 Diogenes
Verlag AG, Zürich)

Die meisten Männer wissen nicht, was im Kopf ihrer Frau vorgeht.

3. Was ist eine römische »Familie«?

familia

Die Bedeutung von lateinisch *familia* entspricht unserem Wort *Familie* nur teilweise: *familia* bedeutet eher »Hausgemeinschaft«, d. h. die Gemeinschaft der in einem Haushalt lebenden Personen, zu denen außer den Familienmitgliedern in unserem Sinne (Eltern und Kinder) auch die Bediensteten bzw. Sklaven gehörten. Das Verhältnis der Herren zu ihren in der *familia* lebenden Sklaven war im Allgemeinen besser als manche Äußerungen in der antiken Literatur (z. B. Seneca) vermuten lassen. Dies zeigen der Brief der Sklavin Tays an ihren jüngeren Herrn (s. S. 17), das vertrauliche Verhältnis Ciceros zu seinem Sklaven Tiro und die Bestattung von Sklaven in den Gräbern ihrer Herren.

Innerhalb der *familia* dominierte der Vater als *pater familias:* Er hatte kraft der *patria potestas* fast unumschränkte Entscheidungsgewalt über die übrigen Familienmitglieder und führte auch den hausinternen Götterkult durch. Da die Ehen in der Regel arrangiert waren, gab es oft keine besondere Liebe zwischen Eheleuten. Die Männer suchten sich sexuelle Befriedigung in außerehelichen Beziehungen, z. B. bei Hetären. Für die Ehefrauen war Vergleichbares gesellschaftlich nicht akzeptiert.

Die Kinderliebe war unterschiedlich ausgeprägt: In der Oberschicht wurden die Säuglinge von einer Amme gestillt und die Kinder überhaupt vielfach von Sklaven bzw. Hauslehrern erzogen, was zu einer distanzierteren Beziehung zwischen Eltern und Kindern geführt haben dürfte. Hinzu kommt die hohe Kindersterblichkeit, die sicher 40–60 % der Neugeborenen betraf und den Verlust eines Kindes im Vergleich zu heute als weniger schrecklich erscheinen ließ. Andererseits gibt es Zeugnisse von sehr engen und liebevollen Beziehungen zwischen Eltern und Kindern wie bei Cato dem Älteren oder Cicero. Die bis ins Erwachsenenalter gekommenen Kinder (v. a. die Söhne) waren wichtig für den Fortbestand der *gens,* so dass sie auch wieder eine größere Rolle spielten als heute.

gens

Von der *familia* zu unterscheiden ist die *gens:* Sie ist bei der Nobilität der Geschlechterverband (Dynastie) über Generationen hinweg, der über die männlichen Nachkommen weitergeführt wird. Die *gentes* sind an den Gentilnamen erkennbar: So gab es die Cornelier *(Cornelii),* die Julier *(Iulii),* die Claudier *(Claudii)* oder auch die *Plinii.* Durch Adoption konnte man in eine andere *gens* übergehen und wechselte dann auch seinen Gentilnamen. Die *gentes* pflegten ähnlich wie der Adel der Neuzeit eine eigene gentilizische Familien- und Erinnerungskultur, z. B. durch Ahnen- und Bestattungskult.

4. Frauenrollen im antiken Rom

Rechtlich waren Frauen im antiken Rom den Männern gesellschaftlich deutlich untergeordnet und auch nur begrenzt geschäftsfähig. In der Praxis aber spielten die Ehefrauen meist eine große Rolle, wie auch letztlich aus den Briefen von Cicero und Plinius hervorgeht. Sie halfen mit, die richtigen Ehepartner für die Kinder zu finden und standen dem Haushalt vor. Eigentliche Hausfrauentätigkeiten kamen in vornehmen Familien allerdings für die Ehefrauen nicht in Frage, nur Spinnen und Weben galten als standesgemäß.

Vornehme Frauen erhielten in Rom häufig eine hohe Bildung von Privatlehrern und kümmerten sich auch um die Ausbildung ihrer Kinder, wie z. B. die Plinius-Briefe an Hispulla deutlich machen. Anders als die jungen Männer besuchten sie allerdings keine öffentlichen Rhetorenschulen. Überhaupt gingen vornehme Frauen nicht allein (erst recht keine kleinen Mädchen) ohne weiteres Gefolge aus dem Haus. An Gastmählern hingegen nahmen römische Frauen anders als in Griechenland teil.

In der nicht-vermögenden Bevölkerung mussten Frauen häufig einem Beruf nachgehen. Sie arbeiteten als Amme, Weberin, Hebamme, Ärztin, Lehrerin, Erntehelferin, Reinigungskraft, Tänzerin oder Wirtin, wobei die letzten beiden Berufe oft mit Prostitution verbunden waren.

Leben und Tod einer ehemaligen Sklavin: republikanische Grabinschrift

(…) Larcia P. (Gaiae) l. Heraea. Boneis probata inveisa sum a nulla proba. Fui parens domineis senibus, huic autem opsequens. Ita leibertate illei me, hic me decoraat stola. A pupula annos veiginti optinui domum omnem. Supremus fecit iudicium dies: Mors animam eripuit, non veitae ornatum apstulit. (CIL I² 1570)	*(…) Larcia Heraea, Freigelassene des Publius und seiner Frau.* *Geschätzt von den Guten war ich bei keiner Rechtschaffenen verhasst. Ich war den alten Herren gehorsam, dem letzten aber folgsam. So schmückten mich jene mit der Freiheit, dieser mich mit der Stola. Vom Mädchenalter an habe ich zwanzig Jahre lang die Leitung des ganzen Hauses innegehabt. Der letzte Tag brachte das Urteil: Der Tod entriss meine Seele, den Schmuck meines Lebens trug er nicht weg.*

1   Stellen Sie Heraeas Lebensstationen aus der Inschrift zusammen.

2   Arbeiten Sie Heraeas positives Selbstbild aus dem Text heraus.

5. Lobrede auf ein früh verstorbenes Mädchen: Plin. 5,16 (A)

Die kleine Minicia, Tochter des Senators Fundanus, ist im Alter von 13 Jahren gestorben. Plinius schildert in einer Art Porträt-Brief an Aefulanus Marcellinus die Verstorbene als Idealbild des römischen Mädchens:

C. PLINIUS AEFULANO MARCELLINO SUO S.

Tristissimus haec tibi scribo, Fundani nostri filiā minore defunctā[1]. Quā puellā[2] nihil umquam festivius[3] amabilius, nec modo longiore vita sed prope immortalitate dignius vidi. Nondum annos XIIII impleverat, et iam illi anilis[4]

5 prudentia, matronalis gravitas erat et tamen suavitas puellaris cum virginali verecundia[5]. Ut illa patris cervicibus[6] inhaerebat[7]! Ut nos amicos paternos et amanter et modeste complectebatur[8]! Ut nutrices[9], ut paedagogos[10], ut praeceptores[11] pro suo quemque officio[12] diligebat! Quam

10 studiose, quam intellegenter lectitabat[13]! Ut parce[14] custoditeque[15] ludebat!

Quā illā temperantiā, qua patientia, qua etiam constantia novissimam[16] valetudinem[17] tulit! Medicis obsequebatur[18]; sororem, patrem adhortabatur; ipsamque se desti-

15 tutam[19] corporis viribus vigore animi sustinebat. Duravit hic illi usque ad extremum. Nec aut spatio[20] valetudinis aut metu mortis infractus[21] est, quo[22] plures gravioresque nobis causas relinqueret[23] et desiderii et doloris. O triste plane acerbumque funus! O morte ipsa mortis tempus

20 indignius! Iam destinata[24] erat egregio iuveni, iam electus nuptiarum dies, iam nos vocati. Quod gaudium quo maerore[25] mutatum est!

Non possum exprimere verbis, quantum animo vulnus acceperim, cum audivi Fundanum ipsum praecipientem[26],

25 quod in vestes, margarita[27], gemmas[28] fuerat erogaturus[29],

---

1 **dēfungī,** fungor, fūnctus sum: sterben – **2 quā puellā:** im Vergleich zu diesem Mädchen *(Abl. comp.)* – **3 fēstīvus:** reizend
4 anīlis: greisenhaft
5 verēcundia: Scheu, Zurückhaltung – **6 cervīcēs** *Pl.:* Hals – **7 inhaerēre** + *Dat.:* hängen an – **8 complectī:** umarmen
9 nūtrīx, īcis: Amme
10 paedagōgus: Erzieher
11 praeceptor: (Privat-)Lehrer
12 prō suō quemque officiō: einen jeden nach seiner Stellung
13 lēctitāre: *Intensivum zu* legere
14 parcus: maßvoll
15 cūstōdītus: *(hier)* dezent

16 novissimus: *(hier)* der letzte – **17 valētūdō:** *(hier)* Krankheit – **18 obsequī** + *Dat.:* gehorchen – **19 dēstituere:** verlassen – **20 spatium:** *hier:* Dauer – **21 īnfrāctus:** (der Geist ist) gebrochen – **22 quō:** so dass (sie) umso – **23 relinqueret:** *Subj.* = die Tote – **24 dēstinātus:** verlobt
25 maeror: Trauer

26 praecipere + *Konj.* (impenderentur): anordnen, dass
27 margarītum: Perle
28 gemma: Edelstein
29 ērogāre: ausgeben

---

hoc in tus[30] et unguenta[31] et odores[32] impenderetur[33]. Est quidem ille eruditus et sapiens, utqui[34] se ab ineunte aetate[35] altioribus studiis artibusque dediderit. Sed nunc omnia, quae audiit saepe, quae dixit, aspernatur[36]; expul-

30 sisque virtutibus aliis pietatis est totus[37]. Ignosces; laudabis etiam, si cogitaveris, quid amiserit. Amisit enim filiam, quae non minus mores eius quam os vultumque referebat totumque patrem mira similitudine exscripserat[38].

Proinde, si quas ad eum de dolore eius tam iusto litteras

35 mittes, memento[39] adhibere[40] solacium, non quasi castiga-torium[41] et nimis forte, sed molle et humanum. Quod[42] ut facilius admittat, multum faciet medii temporis spatium. Ut enim crudum[43] adhuc vulnus medentium[44] manus reformidat[45], deinde patitur atque ultro requirit, sic recens

40 animi dolor consolationes reicit ac refugit, mox desiderat et clementer admotis <consolationibus> adquiescit[46]. Vale.

30 tūs, tūris *n.:* Weihrauch
31 unguentum: duftende Salbe
32 odor: Wohlgeruch, Duft *(Die Salben und Wohlgerüche brauchte man für die bessere Verbrennung des Leichnams und um den Gestank zu überdecken.)* – **33 impendere:** aufwenden – **34 utquī** + *Konj.:* weil (er) ja – **35 iniēns aetās:** Jugend
36 aspernārī: zurückweisen
37 pietātis est tōtus: er gibt sich ganz der Kinderliebe hin
38 exscrībere: *(hier)* widerspiegeln

39 mementō + *Inf.:* denke daran zu – **40 adhibēre:** *(hier)* spenden
41 castīgātōrius: tadelnd, kritisch – **42 quod** = sōlācium

43 crūdus: blutig, frisch
44 medērī: heilen
45 reformīdāre: scheuen
46 adquiēscere + *Dat.:* Ruhe finden *(bei)*

1 *Vor der Lektüre:* Informieren Sie sich über die römische Brandbestattung und die »Text«gattung der *laudatio funebris* (s. S. 44).

2 Erstellen Sie eine grobe Gliederung des Briefes und nennen Sie die Sachfelder und Themen der jeweiligen Abschnitte.

3 Teile des Briefes erscheinen wie eine (eher Männern vorbehaltene) *laudatio funebris:* Weisen Sie dies v. a. auch anhand der Stilmerkmale nach.

4 Arbeiten Sie heraus, wie Plinius die verstorbene Minicia als *exemplum* porträtiert. Stellen Sie Vermutungen über intendierte Adressaten des Textes an.

5 Vergleichen Sie anhand des Textes die Lebensbedingungen römischer Mädchen mit denen heutiger Mädchen.

6 Beschreiben Sie, wie der Vater des Mädchens (Fundanus) im Brief charakterisiert wird; begründen Sie, warum Plinius ihn im Text erwähnt.

6. Römische Bestattung und Totenkult

Die Formen der Bestattung im alten Italien unterschieden sich je nach Epoche und sozialem oder ethnischem Hintergrund. Bei den Etruskern gab es zumindest für die vornehmen Familien aufwändige begehbare Grabhügel mit bemalten geräumigen Kammern zur Aufbewahrung der Sarkophage und reichen Grabbeigaben. Die Etrusker glaubten offensichtlich an eine Art Weiterleben nach dem Tode.

In Rom selbst gab es seit früher Zeit die Brandbestattung. Die Angehörigen der ärmeren Schichten wurden in Massengräbern beigesetzt. Die vornehmen *gentes* hingegen besaßen eigene prächtig ausgestattete Grabkammern an der Via Appia außerhalb der Stadtmauern, die z. T. noch heute sichtbar sind. In diesen Grabanlagen waren entweder die Sarkophage mit den Leichnamen oder in Wandnischen die Urnen mit der Asche der Verstorbenen aufbewahrt. Eine Bestattung von Toten war aus hygienischen und wohl auch religiösen Gründen (Tabuisierung des Todes) nur außerhalb der Stadtmauern erlaubt.

Anders als die Etrusker glaubten die Römer nicht an ein eigentliches Leben nach dem Tode. Die Toten führten eine Existenz als Totengeister *(mānēs)*, denen man regelmäßig kultische Verehrung darbringen musste *(mānēs plācāre)*, damit sie den Lebenden nicht schadeten. Besonders an den Parentalia im Februar und den Rosalia im Mai/Juni trafen sich die Familien auf den Grabstätten und veranstalteten dort zum Totengedenken z. T. üppige Festmähler. Dabei wurden auch rituelle Handlungen vollzogen, um die Totengeister abzuwehren.

Die Via Appia außerhalb Roms mit Resten von antiken Grabmälern; Foto: Alex1011 Wikimedia Creative Commons Lizenz

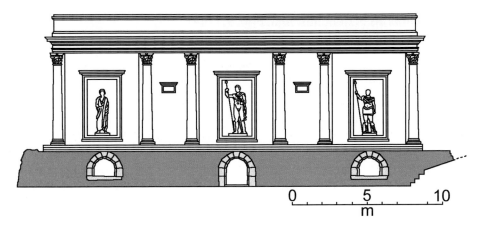

Fassade des Scipionen-Grabmals an der Via Appia mit Eingang (Mitte unten) zu den unterirdischen Grabkammern, Rekonstruktion von Filippo Coarelli

Lobrede bei Bestattungen: *laudatio funebris*

Bestattungen in der römischen Nobilität waren herausgehobene Rituale, die neben der Trauer auch der Machtdemonstration der adligen *gentes* diente. In der *pompa funebris* (prächtige Prozession mit Trauermusik und gemieteten Klagefrauen) wurden die Wachsmasken der Ahnen präsentiert. In einer öffentlichen Trauerrede *(laudatio funebris)* wurden die *virtutes* der Männer (v. a. Leistungen in Staat und Militär), selten der Frauen gelobt. Zusammen mit den als Masken anwesenden Vorfahren wurde so der Ruhm der *gens* sichtbar und zu einem Teil öffentlicher *memoria*. Anschließend wurde der Leichnam vor den Stadttoren verbrannt. Im Prinzipat wurde dieser Bestattungs-Pomp wegen seiner starken Außenwirkung zunehmend auf das Kaiserhaus begrenzt.

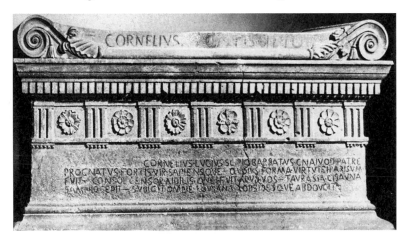

Sarkophag des Scipio Barbatus (3. Jh.v. Chr.) aus dem Scipionengrab, heute in den Vatikanischen Museen

7. *humanitas* als Erziehungsideal: Plin. 9,12 (A)

Plinius gibt seinem Briefpartner Terentius Iunior (römischer Ritter und Gutsbesitzer aus Mittelitalien) Ratschläge zur Erziehung und plädiert für milde Nachsicht gegenüber den Fehlern der Jugend:

C. PLINIUS IUNIORI SUO S.

Castigabat[1] quidam filium suum, quod paulo sumptuosius[2] equos et canes emeret[3]. Huic ego[4] iuvene digresso[5]:
›Heus[6] tu! Numquamne fecisti, quod a patre corripi[7] pos-
set? Fecisti dico? Non interdum facis <id>, quod filius
5 tuus – si repente[8] pater ille <sit>, tu filius <sis> – pari
gravitate[9] reprehendat? Non omnes homines aliquo errore
ducuntur? Non hic in illo sibi, in hōc alius indulget[10]?‹
Haec tibi – admonitus immodicae[11] severitatis exemplo –
pro[12] amore mutuo[13] scripsi[14], ne quando tu quoque filium
10 tuum acerbius[15] duriusque tractares[16]. Cogita et illum puerum esse et te <puerum> fuisse; atque ita hōc, quod[17] es
pater, utere[18], ut memineris et hominem esse te et hominis
patrem! Vale.

1 castīgāre: tadeln
2 sūmptuōsus: verschwenderisch
(teure Pferde und Jagdhunde waren Statussymbole wie heute Autos und teure Hobbys) – **3 emere:** kaufen
4 egō: *ergänze* dīxī *oder* inquam
5 dīgredī, gredior, gressus sum: weggehen – **6 heus:** hallo! hör mal! – **7 corripere:** kritisieren
8 repente: auf einmal – **9 gravitās:** Strenge – **10 sibī indulgēre in** + *Abl.:* sich gehen lassen bei/ sich etwas durchgehen lassen
11 immodicus: übergroß – **12 prō:** um … willen – **13 mūtuus:** gegenseitig – **14 scrīpsī** = scrībō *(für den Adressaten ist es schon geschrieben, wenn er den Brief liest)* – **15 acerbus:** streng
16 tractāre: behandeln – **17 hoc, quod:** der Umstand, dass
18 ūtere: (*Imper. Sg. von* ūtī; *hier etwa*) bedenken

1 Im Brief gibt es mehrere Kommunikationspartner und -situationen: Beschreiben Sie sie.

2 Plinius fügt in der ersten Briefhälfte eine Anekdote ein: Erläutern Sie deren Funktion für den Gesamtbrief.

3 Weisen Sie die Entwicklung vom Speziellen zum Allgemeinen im Text nach.

4 An diesem Text lässt sich besonders gut erkennen, dass Plinius in der Regel zwei Adressaten-Ebenen im Auge hatte, nämlich die im Präskript genannte Person und einen weiteren Leserkreis: Weisen Sie dies anhand dieses Briefes nach.

5 Zeigen Sie, wie Plinius hier seine eigene *humanitas* herausstellt.

| Komparativ-Funktionen; dir. Fragen – quidam; -ne; interdum; reprehendere; memini

K *humanitas* – ein mehrdeutiges Wort

Ursprünglich bedeutete *humanitas* als Ableitung von *humanus (< homo)* »menschlich« ganz neutral das »Mensch-Sein«, durch griechischen Einfluss auch »Mit-Menschlichkeit« im Sinne von Milde oder Nachsicht. Cicero wertete das Wort besonders auf, indem er auch höhere Bildung und Kultur in den Begriff mit einbezog. Für ihn unterschied Bildung den Menschen vom Tier, so dass sie zum echten »Mensch-Sein« dazugehörte. Diese besondere Bedeutung von *humanitas* als »Bildung« und »Kultur« ahmt auch Plinius in seinen Briefen nach. Für Cicero und Plinius gehörten Bildung und (mit-)menschliches Verhalten untrennbar zusammen. Von *humanus/humanitas* leiten sich die Fremdwörter »human« und »Humanität« ab. Der Begriff »Humanismus« hat die Doppelbedeutung von »Menschlichkeit« und »höhere Bildung«.

S Komparative erkennen und richtig übersetzen

Der Komparativ kann zwei Bedeutungen haben:
1. Wenn ein Vergleich mit *quam* oder Ablativus comparationis folgt, wird er wörtlich übersetzt. Der Abl. comp. ersetzt bei einem Komparativ oft die deutlichere Konstruktion mit *quam* und wird mit »als« übersetzt.

   *pater **matre** durior est = pater durior **quam mater** est*
   der Vater ist … *(ergänzen Sie)*

   Schwierig ist die deutsche Übersetzung von Relativpronomina im *Abl. compar.*: Hier muss man entweder auf umständliche Ersatzformulierungen (»im Vergleich zu dem/der/denen«) ausweichen oder den Relativsatz sinngemäß ganz umformulieren.

   *filia, **quā** nihil amabilius erat, mortua est*
   die Tochter, **im Vergleich zu der** es nichts Liebenswerteres gab, starb
   die Tochter, die das Liebenswerteste (von allem) war, starb
2. Wenn es keinen Vergleich gibt, passt oft besser eine Übersetzung mit »zu« + Adj./Adv.
   iuvenis sumptuosius emit
   (≈ *iuvenis sumptuos**ius,** quam decet, emit*)
   (der junge Mann kauft verschwenderisch**er,** als es sich gehört)
   → der junge Mann kauft zu verschwenderisch

   *pater filium dur**ius** tractat*
   der Vater behandelt seinen Sohn … *(ergänzen Sie)*

Literatur und Geschichtsschreibung bei Plinius

1. Soll Plinius Geschichtsschreiber werden? Plin. 5,8 (A)

In einem literaturtheoretischen Brief äußert sich Plinius über den Wert verschiedener Literaturgattungen wie Rede (oratio) und Dichtung (carmina). Er war bislang als Redner erfolgreich und überlegt, auch Geschichtsschreibung (historia) zu verfassen, was eigentlich angesehener ist:

C. PLINIUS CAPITONI SUO S.

Suades, ut historiam scribam, et suades non solus: Multi
hoc me saepe monuerunt. Et ego volo, non quia commode[1] <me> facturum esse confidam – id enim temere[2]
credas nisi expertus[3]; sed <volo> quia pulchrum imprimis
5   videtur non pati occĭdere[4] <eos>, quibus aeternitas debeatur[5], aliorumque famam cum sua extendere[6]. Me autem
nihil aeque ac[7] diuturnitatis amor et cupido sollicitat[8],
res homine dignissima, eo praesertim[9], qui nullius sibi
conscius culpae posteritatis memoriam non reformidet[10].
10 Itaque diebus ac noctibus cogito, si[11] ›qua[12] me quoque
possim tollere humo.‹ Id enim voto[13] meo sufficit, illud
supra votum[13] ›victorque virum volitare per ora[14]!‹ Sed hoc
satis est, quod prope sola historia polliceri videtur. Orationi enim et carmini[15] parva gratia[16] <est>, nisi eloquen-
15 tia[17] est summa. Historia quoquomodo[18] scripta delectat.
Sunt enim homines natura curiosi et quamlibet nuda[19]
rerum cognitione[20] capiuntur, utqui[21] sermunculis[22] etiam
fabellisque[23] ducantur[24].

1 commodē: zufriedenstellend
2 temere: leichtsinnigerweise
3 nisī expertus <sīs>: wenn du/
man es nicht selbst versucht hast/
hat – **4 occĭdere eōs:** *(AcI)* dass
die untergehen, ... – **5 dēbērī:**
(hier) geschuldet werden;
zukommen – **6 extendere:**
verbreiten – **7 aequē ac:** so (sehr)
wie – **8 sollicitāre:** reizen
9 eō <homine> praesertim:
zumal eines solchen (Menschen
würdig) – **10 reformīdāre:**
fürchten müssen – **11 sī:**
(hier) ob – **12 quā:** irgendwie
*(Zitat aus Vergils Lehrgedicht
zum Landbau Georgica 3,8)*
13 vōtum: Wunsch – **14 virūm
... ōra:** im Munde der Menschen
weiterleben *(Verg. Georgica 3,9)*
15 carmen: *(hier)* Dichtung
16 grātia: Anerkennung
17 ēloquentia: Ausdruckskraft
18 quōquōmodo: egal wie
19 quamlibet nūdā: durch
eine noch so schmucklose ...
20 cōgnitiōne: Darstellung
21 utquī + *Konj.:* weil (sie)
ja – **22 sermunculus:** Klatsch
23 fābella: Märchen – **24 dūcere:**
anziehen

Plinius nennt seinen Onkel (den älteren Plinius) und Adoptivvater als Vorbild literarischen Schaffens. Ferner erwähnt er seine eigenen Erfolge als Redner und betont die hohen Ansprüche auch von Reden.

Habet quidem oratio et historia multa communia, sed
20 plura diversa in his ipsis, quae communia videntur. Narrat illa[25], narrat haec[25], sed aliter: Huic pleraque humi-

25 haec *meint hier jeweils die
Redekunst,* **illa** *dagegen die
Geschichtsschreibung*

lia et sordida et ex medio petita, illi omnia recondita[26], splendida, excelsa conveniunt[27]. Hanc saepius ossa, musculi, nervi, illam tori[28] quidam et quasi iubae[29] decent;

25 postremo alia verba, alius sonus, alia constructio. Nam plurimum refert[30], ut Thucydides ait, <utrum> κτῆμα[31] sit an ἀγώνισμα[32]: Quorum alterum oratio, alterum historia est.

Tu tamen iam nunc cogita, quae potissimum tempora

30 aggrediar[33]. Vetera et scripta aliis[34]? Parata inquisitio[35], sed onerosa[36] collatio[37]. Intacta[38] et nova <tempora>? Graves offensae[39], levis gratia.

26 **recondĭtus:** entlegen
27 **convenīre** + *Dat.:* passen zu – 28 **torus:** (lediglich ein) Fleischpolster – 29 **iuba:** (nur eine) Mähne *(Geschichtsschreibung ist also schlichter als die Rede)*
30 **plūrimum refert:** es ist sehr wichtig – 31 **κτῆμα** *(griech., sprich: ktéma):* Besitz *(für immer)*
32 **ἀγώνισμα** *(griech., sprich: agónisma):* Leistung *(nur für die Gegenwart)* – 33 **aggredī:** in Angriff nehmen – 34 **aliīs:** *(Dat. auct.)* von anderen – 35 **inquīsītiō:** Forschung – 36 **onerōsus:** mühsam – 37 **collātiō:** Vergleich
38 **intāctus:** nicht behandelt
39 **offēnsa:** Anstoß; Ärger

1 Arbeiten Sie aus dem Text heraus, warum Rede und Geschichtsschreibung jeweils so unterschiedliches Ansehen haben; Sie können dazu eine tabellarische Übersicht erstellen.

2 In der Mitte des Briefes zitiert Plinius einige Verse aus Vergils Lehrgedicht *Georgica:* Erläutern Sie die Funktion der Zitate für den Zusammenhang und begründen Sie, warum Plinius keine genaue Stellenangabe macht.

3 Stellen Sie die jeweils unterschiedlichen Merkmale von *historia* und *oratio* zusammen, die Plinius im vorletzten Abschnitt nennt und erklären Sie, warum beide Gattungen so unterschiedlich sind (s. auch S. 51).

4 Begründen Sie aus dem Text heraus, warum *historia* gerade für Autoren aus der Nobilität eine so attraktive Literaturgattung war.

5 Arbeiten Sie aus dem Brief heraus, wie Plinius trotz allen vermeintlichen Selbstzweifeln seine eigene literarische Kompetenz herausstellt.

S **Genitivus subiectivus oder obiectivus?**

fama aliorum: der Ruhm der anderen/für die anderen?
memoria posteritatis: das Andenken der Nachwelt/an die Nachwelt?
amor diuturnitatis: Verlangen der Unsterblichkeit/nach Unsterblichkeit?

2. Plinius ist mittlerweile ein berühmter Autor: 9,23 (A)

Voller Stolz berichtet Plinius, wie er mittlerweile so bekannt geworden ist, dass er bereits mit dem berühmten Geschichtsschreiber Tacitus zusammen genannt oder sogar mit ihm verwechselt wird.

C. PLINIUS MAXIMO SUO S.

Frequenter agenti[1] mihi evēnit, ut centumviri[2], cum diu se intra iudicum auctoritatem gravitatemque tenuissent[3], omnes repente[4] quasi victi coactique consurgerent[5] laudarentque <me>. Frequenter e senatu famam, qualem

5 maxime optaveram, rettuli.

Numquam tamen maiorem cepi voluptatem, quam nuper ex sermone Corneli Taciti. Narrabat sedisse secum[6] circensibus proximis[7] equitem Romanum. Hunc post varios eruditosque[8] sermones requisisse[9]: ›Italicus es an provin-

10 cialis?‹ Se[10] respondisse: ›Nosti[11] me, et quidem ex studiis[12].‹ Ad hoc illum: ›Tacitus es an Plinius?‹ Exprimere non possum, quam sit iucundum mihi, quod nomina nostra quasi litterarum propria[13], non hominum, litteris redduntur[14]; quod[15] uterque nostrum his etiam ex studiis[16]

15 notus, quibus aliter[17] ignotus est.

Accidit aliud ante paucos dies simile: Recumbebat[18] mecum vir egregius, Fadius Rufinus, super[19] eum municeps[20] ipsius, qui illo die primum venerat in urbem[21]. Cui Rufinus demonstrans me: ›Vides hunc?‹ Multa[22] deinde

20 de studiis nostris, et ille: ›Plinius est‹ inquit.

Ego celebritate[23] nominis mei gaudere non debeo? Ego vero et gaudeo et gaudere me dico. Neque enim vereor, ne iactantior[24] videar, cum de me aliorum iudicium, non meum profero, praesertim[25] apud te, qui nec ullius[26]

25 invides laudibus et faves[27] nostris. Vale.

1 agere <causam>: vor Gericht als Anwalt auftreten
2 centumvirī: Richter für Eigentumsangelegenheiten – **3 sē tenēre:** *(hier)* sich zurückhalten
4 repente: plötzlich
5 cōnsurgere: aufstehen
6 sēcum: neben sich/ihm
7 circēnsibus proximīs: bei den letzten Zirkusspielen – **8 ērudītus:** gelehrt – **9 requīrere,** quīrō, quīsīvī, quīsītum: fragen – **10 sē** = Tacitum – **11 nōstī** = nōvistī
12 studia: *(hier)* literarische Werke – **13 proprius** + *Gen.*: zugehörig, zu eigen – **14 reddere:** *(hier)* zuweisen – **15 quod:** *(hier)* denn – **16 studia:** *hier* literarische Werke – **17 aliter:** ansonsten *(= auf einer persönlichen Ebene)*

18 recumbere: am Tisch liegen
19 super: oberhalb *(auf den Speisesofas, auf denen mehrere Personen lagen)* – **20 mūniceps:** Mitbürger (aus der Provinzstadt)
21 urbs = Rōma – **22 multa** <nārrāvit>

23 celebritās: Berühmtheit
24 iactāns: prahlerisch
25 praesertim: vor allem; zumal
26 nec ūllīus = nūllīus – **27 favēre** + *Dat.*: fördern, unterstützen

Part. Coni.; dir. Frage – quasi; qualis; capere; quam; (utrum) – an;

1 Stellen Sie die verschiedenen Aspekte aus dem Brief zusammen, die zu Plinius' Ruhm beitragen; begründen Sie deren Reihenfolge und jeweilige Ausführlichkeit.

2 Im Mittelteil des Briefes verwendet Plinius zwei Anekdoten mit dialogischen Anteilen: Erläutern Sie deren Funktion im Brief.

3 Der Brief ist stilistisch an die Sprech- bzw. Umgangssprache angelehnt: Weisen Sie dies an den entsprechenden Stellen nach.

4 Erläutern Sie, was sich über den jeweiligen Bekanntheitsgrad von Tacitus und von Plinius (im Vergleich) aus dem Brief folgern lässt, und welches Verhältnis zwischen Plinius und Tacitus bestand.

5 Diskutieren Sie Plinius' Eigenlob nach heutigen Maßstäben; beurteilen Sie seine Selbstdarstellung im Brief vor dem Hintergrund des damaligen römischen Wertekanons (s. auch oben S. 33 und 40).

K Römische Geschichtsschreibung

Die Geschichtsschreibung war in der römischen Republik hauptsächlich eine Angelegenheit der senatorischen Schicht: Ehemalige hohe Beamte und Konsuln verfassten auf der Grundlage ihrer vielfältigen politischen und militärischen Erfahrungen Geschichtswerke, die meistens dem Ruhm des Autors selbst und der eigenen *gens* diente (sog. »gentilizische Geschichtsschreibung«).

Ein Umbruch kam mit Sallust (86–35 v. Chr.), der als *homo novus* (aber immerhin Ex-Senator) die Geschichte des römischen Volkes schreiben wollte (s. S. 33). Der augusteische Geschichtsschreiber Livius (59 v. Chr.–17 n. Chr.) war politisch überhaupt nicht tätig, sondern widmete sein Leben gänzlich den historischen *studia* und verfasste eine riesige Geschichte Roms von den Ursprüngen an.

Plinius' älterer Freund und zugleich literarischer Konkurrent Tacitus (ca. 54–120 n. Chr.) war der literarisch genialste römische Historiker. Er war wie Plinius ein wichtiger Politiker und verfasste eine Geschichte des frühen Prinzipats sowie eine Biographie seines Schwiegervaters Agricola. Typisch für Tacitus ist eine prinzipielle Distanz gegenüber dem Prinzipat als Staatsform: Zwar erkannte er die praktische Notwendigkeit der Prinzipatsverfassung an; trotzdem trauerte er der angeblichen *libertas* des Senatorenstandes in der von ihm so genannten »*libera res publica*« hinterher, die er selbst nie erlebt hatte.

Plinius wurde selbst kein »echter« Geschichtsschreiber oder Biograph. Aber in seinen Briefen konkurriert er geschickt mit diesen prestigeträchtigen Gattungen: Die Briefe sind eine Art Mikro-Historie seiner Zeit und vermitteln den Lesern Exempla – wie Geschichtswerke und Biographien.

3. Der Vesuv-Ausbruch als selbst erlebte Geschichte: Plin. 6,20 (A/B)

Den Vesuv-Ausbruch 79 n. Chr. erlebte der erst 18-jährige Plinius hautnah bei seinem Onkel. Hierüber schrieb er Tacitus zunächst einen ausführlichen Brief im Stil der Geschichtsschreibung (Plin. 6,16); darin sind Heldenmut, Tod und Nachruhm des Onkels Hauptthemen. Später schrieb Plinius noch einen zweiten Brief aus der Ich-Perspektive darüber, wie er selbst den Ausbruch erlebte.

C. PLINIUS TACITO SUO S.

Ais

te[1]

   adductum litteris,

      quas exigenti tibi[2] de morte avunculi[3] mei scripsi,

5 cupere cognoscere[1],

quos ego

Miseni[4] relictus

non solum metūs, verum etiam casūs[5] pertulerim.

›Quamquam[6] animus meminisse horret …, incipiam.‹

10 Profecto[7] avunculo ipse reliquum tempus studiis impendi[8]. Mox[9] balineum[10], cena, somnus inquietus et brevis. Praecesserat[11] per multos dies tremor[12] terrae minus formidulosus[13], quia Campaniae solitus[14] <erat>. Illa vero nocte ita invaluit[15], ut non moveri omnia, sed

15 verti[16] crederentur. Inrumpit[17] cubiculum[18] meum mater: Surgebam[19] invicem[20], si quiesceret[21], <eam> excitaturus. Resedimus in area[22] domus, quae mare a tectis[23] modico[24] spatio[25] dividebat. Dubito, <utrum> constantiam[26] vocare an imprudentiam debeam (agebam[27] enim duodevicesi-

20 mum[28] annum): Posco librum Titi Livi et quasi per otium lego, atque etiam, ut coeperam, excerpo[29]. Ecce amicus avunculi, qui nuper ad eum ex Hispania venerat: Ut[30] me et matrem sedentes, me vero etiam legentem videt, illius patientiam, securitatem meam corripit[31]. Nihilo segnius[32]

25 ego intentus[33] in librum <sum>.

---

1 **tē cupere cōgnōscere:** *AcI abhängiv von* ais – 2 **exigentī tibī:** dir auf deine Bitte *(Tacitus hatte Plinius um einen Bericht von den Umständen der Katastrophe gebeten)* – 3 **avunculus:** Onkel (= Plinius d.Ä.) – 4 **Mīsēnī:** in Misenum *(Lokativ)* – 5 **cāsus:** *(hier)* Gefahr – 6 **quamquam …:** *So beginnt Aeneas bei Vergil (Aen. 2,12) die Erzählung von Trojas Untergang*

7 **profectō** < proficīscī *(Abl. abs.)* – 8 **impendere,** dō, dī: aufwenden – 9 **mox:** *(hier)* dann – 10 **balineum:** Bad – 11 **praecēdere,** cēdō, cessī: vorausgehen – 12 **tremor:** Beben – 13 **formīdulōsus:** furchterregend – 14 **solitus** + *Dat.:* normal für – 15 **invalēscere,** valēscō, valuī: stärker werden – 16 **vertere:** umstürzen – 17 **inrumpere** + *Akk.:* hineinstürzen – 18 **cubiculum:** (Schlaf-)Zimmer – 19 **surgēbam:** ich war gerade dabei, aufzustehen – 20 **invicem:** (ich meiner-)seits – 21 **sī quiēsceret:** falls (sie) schliefe – 22 **ārea:** Hof – 23 **tēctum:** Haus – 24 **modicus:** klein, kurz – 25 **spatium:** Abstand – 26 **cōnstantia:** Gelassenheit – 27 **agere …annum:** … Jahre alt sein – 28 **duodēvīcēsimus:** der 18. – 29 **excerpere:** zusammenfassen – 30 **ut** + *Ind.:* sobald; *(a. zeitl.)* wie – 31 **corripere:** tadeln – 32 **nihilō sēgnius:** trotzdem – 33 **intentus:** vertieft, konzentriert

Iam <erat> hora diei prima[34], et adhuc dubius[35] et quasi languidus[36] dies. Iam quassatis[37] circumiacentibus tectis, quamquam in aperto loco, angusto tamen, magnus et certus[38] ruinae[39] metus <erat>. Tum demum excedere oppido

30 visum[40]. Sequitur vulgus attonitum[41], ingentique agmine abeuntes[42] premit et impellit. Egressi tecta consistimus[43]. Multa ibi miranda, multas formidines[44] patimur. Nam vehicula, quae produci[45] iusseramus, quamquam in planissimo campo, in contrarias partes[46] agebantur ac ne lapidi-

35 bus quidem fulta[47] in eodem vestigio[48] quiescebant[49]. (…)

34 hōra prīma: erste Stunde nach Sonnenaufgang – 35 dubius: *(hier)* dämmrig – 36 languidus: müde – 37 quassāre: erschüttern 38 certus: *(hier)* berechtigt 39 ruīna: Einsturz – 40 vīsum <est>: wir entschlossen uns – 41 attonitus: kopflos 42 abeuntēs = nōs – 43 cōnsistere: stehen bleiben – 44 formīdō, inis *f.*: Angst – 45 prōdūcere: hinausfahren – 46 pars: *(hier)* Richtung – 47 fultus + *Abl.*: abgestützt mit – 48 vestīgium: *(hier)* Stelle – 49 quiēscere: *(hier)* stehen bleiben

1 *Vor der Übersetzung:* Benennen Sie zentrale Sachfelder zu den einzelnen Textabschnitten und notieren Sie die zugehörigen Wörter.

2 Das kleine Aeneis-Zitat am Texteingang passt vom Wortlaut her gut in den Briefkontext: Bei Vergil beschreibt Aeneis im 2. Buch, wie er seinen widerstrebenden und mutlosen Vater aus dem brennenden Troja zu retten versucht. Erörtern Sie vor diesem Hintergrund die Funktion des Zitats für den Leser.

3 Beschreiben Sie Satzbau und Satzlänge in den einzelnen Passagen und stellen Sie jeweils einen Zusammenhang zum Inhalt her.

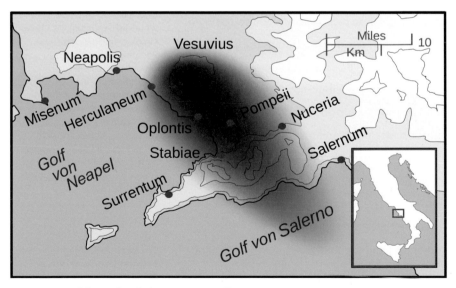

Kampanien und der Ausbruch des Vesuvs 79 n. Chr.

Fortsetzung: Vesuvausbruch Plin. 6,20 (B)

Inzwischen zog sich das Meer zurück und die schwarze Aschewolke wurde von Feuerblitzen durchzogen …

Nec multo post illa nubes[1] descendere[2] in terras, operire[3] maria: Cinxerat[4] Capreas et absconderat; Miseni quod procurrit[5], abstulerat[6]. Tum mater orare[7], hortari, iubere, <ut> quoquomodo[8] fugerem; posse[9] enim iuvenem; se
40 et annis et corpore gravem morituram <esse>, si mihi causa mortis[11] non fuisset[10]. Ego contra: Salvum me nisi unā non[12] futurum <esse>. Dein manum eius amplexus[13] addere gradum[14] cogo. Paret aegre, incusatque[15] se, quod me moretur.

45 Iam cinis[16], adhuc tamen rarus[17]. Respicio: Densa caligo[18] tergis imminebat, quae nos torrentis modo[19] infusa[20] terrae sequebatur. ›Deflectamus[21]‹, inquam, ›dum videmus, ne in via strati comitantium[22] turbā in tenebris obteramur[23].‹ Vix consederamus, et <fuit> nox, non qualis inlunis[24]
50 aut nubila, sed qualis in locis clausis[25] lumine exstincto[26]. Audires[27] ululatus[28] feminarum, infantum quiritatus[29], clamores virorum: Alii parentes, alii liberos, alii coniuges vocibus requirebant, vocibus noscitabant[30]. Hi suum casum, illi <casum> suorum miserabantur[31]. Erant, qui
55 metu mortis mortem precarentur[32]. Multi ad deos manus tollere[33]; plures nusquam iam deos ullos <esse> interpretabantur. Nec defuerunt, qui fictis[34] terroribus vera pericula augerent. Aderant, qui Miseni illud ruisse[35], illud ardere falso[36], sed credentibus nuntiabant.

60 Paulum reluxit[37], quod non dies nobis, sed adventantis[38] ignis indicium videbatur. Et ignis quidem longius substitit[39]; tenebrae rursus, cinis rursus multus et gravis. Hunc

1 nūbēs: Wolke – **2 dēscendere:** *historischer Infinitiv* – **3 operīre:** bedecken *(hist. Inf.)* – **4 cingere,** cingō, cīnxī, cīnctum: einschließen – **5 Mīsēnī quod prōcurrit:** das Vorgebirge von Misenum – **6 auferre,** auferō, abstulī, ablātum: *(hier)* dem Blick entziehen – **7 ōrāre …:** *hist. Inf.* – **8 quōquōmodo:** irgendwie **9 posse:** *(hier)* es schaffen können – **10 sī … fuisset:** *(hier)* wenn (sie) nur … wäre – **11 causa mortis** = *Prädikatsnomen* **12 nisī ūnā nōn:** nur mit (ihr) zusammen – **13 amplectī,** plector, plexus sum: ergreifen – **14 addere gradum:** Schritt beschleunigen **15 incūsāre:** anklagen – **16 cinis:** (es kam) Asche – **17 rārus:** wenig – **18 cālīgō:** Qualm **19 torrentis modō:** wie ein Sturzbach – **20 īnfūsus** + *Dat.:* sich ergießend – **21 dēflectere:** abbiegen – **22 comitārī:** begleiten – **23 obterere:** zertreten **24 inlūnis:** mondlos – **25 locus clausus:** geschlossener Raum **26 exstinguere:** löschen **27 audīrēs:** man konnte hören **28 ululātus,** ūs *m.:* Geheul **29 quirītātus,** ūs *m.:* Wimmern **30 nōscitābant:** versuchten zu erkennen – **31 miserārī:** beklagen – **32 precārī:** sich wünschen – **33 tollere:** *Inf. hist.* **34 fictus:** erfunden – **35 ruere,** ruō, ruī: einstürzen – **36 falsō:** fälschlicherweise

37 relūxit: es wurde wieder hell **38 adventāre:** herankommen **39 subsistere,** sistō, stitī: zum Stillstand kommen

identidem[40] adsurgentes[41] excutiebamus[42]. Operti[43] alio-
qui[44] atque etiam oblisi[45] pondere essemus. Possem glo-
65 riari[46] non gemitum[47] mihi, non vocem parum fortem in
tantis periculis excidisse[48], nisi me cum omnibus, omnia
mecum perire[49] – misero[50], magno tamen mortalitatis
solacio – credidissem.

Tandem illa caligo tenuata[51] quasi in fumum nebulamve
70 discessit[52]. Mox dies verus, sol etiam effulsit[53], luridus[54]
tamen, qualis esse, cum deficit[55], solet. Regressi Misenum[56] noctem spe ac metu exegimus[57]. Metus praevalebat,
nam et tremor[58] terrae perseverabat. Nobis tamen ne tunc
quidem, quamquam et expertis[59] periculum et exspec-
75 tantibus, abeundi consilium <erat>, donec de avunculo
nuntius <veniret>.

Haec nequaquam[60] historiā digna non scripturus leges; et
tibi, scilicet, qui requisisti[61], imputabis, si digna ne epistulā
quidem videbuntur.

80 Vale.

40 identidem: immer wieder
41 adsurgere: sich erheben
42 excutere: abschütteln
43 opertus: (von Asche)
bedeckt – **44 aliōquī:** andernfalls,
sonst – **45 oblīsus:** erdrückt
46 gloriārī + AcI: sich rühmen,
dass – **47 gemitus:** Stöhnen
48 excidere: entschlüpfen
49 mē ... perīre: AcI, abhängig
von crēdidissem – **50 miserō ...
sōlāciō:** als kümmerlicher ...
Trost – **51 tenuātus:**
abgeschwächt – **52 discēdere:**
sich auflösen – **53 effulgēre,**
fulgeō, fulsī: aufleuchten
54 lūridus: fahl – **55 sōl dēficit** =
Sonnenfinsternis – **56 Mīsēnum:**
nach Misenum – **57 exigere,**
igō, ēgī: verbringen – **58 tremor:**
Beben – **59 experīrī, -perior,**
pertus sum: erfahren, erleben

60 nēquāquam: keineswegs
61 requīrere: bitten um (erg.: den
Bericht vom Vesuvausbruch)

4 Suchen Sie die historischen Infinitive aus dem Text heraus und begründen Sie, warum Plinius sie
   hier verwendet hat.

5 Beschreiben Sie im Text das Verhältnis von Erzählzeit und erzählter Zeit und begründen Sie jeweils
   Plinius' Erzählweise.

6 Am Schluss des Briefes behauptet Plinius gegenüber Tacitus, etwas ganz Unwichtiges geschrieben
   zu haben: Weisen Sie nach, wie Plinius dies zum Ausdruck bringt, und begründen Sie, warum
   Plinius dennoch diesen Brief an Tacitus publiziert hat.

Der Vesuvausbruch 79 n. Chr.

Vulkanausbruch: Gemälde von Jacques Volaire

Arbeitsaufträge für den gesamten Brief:

1   Stellen Sie aus dem Brief die verschiedenen Stationen des Vulkanausbruchs zusammen.

2   Anders als in der Geschichtsschreibung werden hier die Erlebnisse aus einer Ich-Perspektive erzählt, was dem Text zusätzliche Dramatik verleiht: Arbeiten Sie weitere Elemente der Dramatisierung aus dem Text heraus.

3   Stellen Sie sich vor, Sie wären Tacitus und würden tatsächlich diesen Brief für ein Kapitel Geschichtsschreibung benutzen: Schreiben Sie selbst ein solches Kapitel auf Deutsch und erläutern Sie, wo es Unterschiede zum Brief in Darstellung und Faktenauswahl gäbe.

4   Plinius wechselt in seinem Bericht immer wieder die Perspektive – ähnlich wie im Film die Kameraperspektive – und fokussiert auf verschiedene Personen oder Schauplätze: Weisen Sie dies im Text nach und erklären Sie die Funktion dieser Erzähltechnik für das Leseerlebnis.

5   Beschreiben Sie, wie Plinius jeweils das Handeln seiner Mutter und der übrigen Betroffenen charakterisiert.

6   Zeigen Sie, wo Plinius jeweils Selbstkritik an seinem Verhalten übt, und arbeiten Sie heraus, wie er dennoch implizit seine innere Ruhe und damit sein vorbildliches Verhalten zu zeigen sucht.

Der Vesuvausbruch 79 n. Chr.

Kampanien ist bis heute eine geologisch höchst aktive Region: Aufgrund des Drucks der afrikanischen Platte gegen die eurasische Platte gibt es entlang der tektonischen Plattengrenzen vielfache Vulkanaktivitäten und Erdbeben, aber auch Thermalquellen. Westlich von Neapel können die Phlegräischen Felder mit ihren heißen Quellen und kleineren vulkanischen Erscheinungen besichtigt werden. Der Vesuv ist bis heute aktiv und könnte durchaus bei einem großen Ausbruch die dicht besiedelte Region von Neapel zerstören.

Bereits vor dem großen Vesuvausbruch 79 n. Chr. gab es in römischer Zeit andere Katastrophen. Besonders bekannt ist ein heftiges Erdbeben 63 n. Chr., das in Kampanien große Zerstörungen verursachte. Die Ereignisse von 79 n. Chr. sind von Plinius exakt beschrieben und können heute wissenschaftlich erklärt werden: Wenn sich die unterirdische Lavakammer anfüllt, wird der Erdboden angehoben und das Meer zieht sich scheinbar zurück. Durch den Überdruck platzt die Lavakammer: Eruptionsmaterial wird in einer Säule rund 30 km in die Höhe geschleudert, verteilt sich in der Stratosphäre und regnet als feiner Bimssteinregen wieder herab. Anschließend treten heiße, giftige Gase und Lavaströme aus, die den Vesuv herabstürzen und alles Leben auslöschen. Die Hitze der Glutwolke aus Gas (ca. 500 °C) führt zur sofortigen Verkohlung und Einschrumpfung aller organischen Stoffe, also auch von Menschen und Tieren.

Auch Herculaneum und Pompeji wurden durch den Ausbruch verschüttet und dann von den Bewohnern aufgegeben. Heute liefern diese beiden z. T. wieder ausgegrabenen Städte umfassende Informationen über das Leben in einer antiken Stadt, z. B. über Hausarchitektur, Straßenbild, Bevölkerungsstruktur, Ernährung, Gesundheitszustand, Handel, Kulte, Bestattungskultur, Freizeit etc.

Haus in Herculaneum;
Foto: Mentnafunangann
(Wikimedia Creative Commons)

Opfer des Vulkanausbruchs 79 n.Ch. aus Pompeji (mit Gips ausgefüllte Hohlkörper), Foto: Plaàtarte (Wikimedia Creative Commons)

Magistraturen und Provinzen im Prinzipat

1. Provinzverwaltung im Geiste der *humanitas:* Plin. 8,24 (A)

Plinius gibt dem neuen kaiserlichen Statthalter in der Provinz Achaia Ratschläge, wie er sich als Römer den zwar unterworfenen, kulturell aber überlegenen Griechen gegenüber verhalten sollte. Plinius nutzt diesen Anlass, um auf einer weiteren Ebene sein humanitas-Programm zu propagieren.

C. PLINIUS MAXIMO SUO S.

Amor in te meus cogit, non ut praecipiam[1] (neque enim praeceptore[2] eges), admoneam tamen, ut, quae scis, teneas[3] et observes.

Cogita te missum <esse> in provinciam Achaiam, illam
5 veram et meram[4] Graeciam, in qua primum humanitas, litterae, etiam fruges[5] inventae esse creduntur; missum ad ordinandum[6] statum[7] liberarum civitatum, id est ad homines maxime homines[8], ad liberos maxime liberos, qui ius a natura datum virtute, meritis, amicitia, foedere[9]
10 denique et religione[9] tenuerunt! Reverēre[10] conditores deos[11] et nomina deorum, reverēre gloriam veterem et hanc ipsam senectutem, quae in homine venerabilis[12], in urbibus sacra <est>! Sit apud te honor[13] antiquitati, sit ingentibus factis, sit fabulis[14] quoque!

15 Nihil ex cuiusquam[15] dignitate, nihil ex libertate, nihil etiam ex iactatione[16] decerpseris[17]! Habe ante oculos hanc esse terram, quae nobis miserit iura[18], quae leges non victis, sed petentibus dederit; Athenas esse, quas adeas[19], Lacedaemonem[20] esse, quam regas. Quibus reliquam
20 umbram et residuum[21] libertatis nomen eripere durum, ferum[22], barbarum est. Recordare[23], quid quaeque civitas fuerit, non ut despicias, quod esse desierit[24]. Absit superbia, asperitas[25]!

1 praecipere: belehren
2 praeceptor: Lehrer – **3 tenēre:** *(hier)* behalten – **4 merus:** (das) eigentliche (*Griechenland im Gegensatz zu Süditalien = Magna Graecia)* – **5 frūgēs:** *(hier)* Ackerbau – **6 ōrdināre:** verwalten, ordnen – **7 status:** Verfassung – **8 maximē hominēs:** (die) in besonderer Weise Menschen (sind) – **9 foedere et religiōne:** durch gewissenhafte Vertragserfüllung (*Hendiadyoin*) **10 reverēre:** *Imper. von* reverērī: respektieren – **11 deōs:** *(hier)* vergöttlicht *(Stadtgründer wurden in Griechenland kultisch verehrt)* – **12 venerābilis:** verehrungswürdig – **13 honor** + *Dat.:* Respekt gegenüber **14 fābula:** Mythos

15 quisquam: irgendjemand **16 iactātiō:** Eitelkeit – **17 nihil dēcerpseris:** nimm nichts weg! **18 iūra:** *Athen war im 5. Jh. v. Chr. an der Schaffung des XII-Tafel-Gesetzes beteiligt* – **19 adeās** < adīre – **20 Lacedaemōn** = Sparta – **21 residuus:** übrig geblieben – **22 ferus:** grausam **23 recordāre:** *Imper. von* recordārī – **24 dēsierit** *von* dēsinere – **25 asperitās:** Härte

Te vero etiam atque etiam[26] meminisse oportet officii tui
25 titulum[27] ac tibi ipsum interpretari[28], quale quantumque
sit ordinare statum liberarum civitatum. Nam quid ordi-
natione[29] civilius[30], quid libertate pretiosius?

Accedit, quod tibi certamen est tecum: Onerat[31] te quaes-
turae tuae fama, quam ex Bithynia optimam revexisti[32];
30 onerat testimonium[33] principis; onerat tribunatus, prae-
tura atque haec ipsa legatio[34] quasi praemium data.

Haec velim <ut> credas, quod initio dixi, scripsisse me
admonentem, non praecipientem – quamquam praecipientem quoque.

26 etiam atque etiam: immer wieder – **27 titulus (officiī):** (Amts)Bezeichnung – **28 sibī interpretārī:** sich klarmachen **29 ōrdinātiō:** das Ordnen **30 cīvīlis:** nützlich für die Bürger

31 onerāre: belasten **32 revehere,** vehō, vexī: mitbringen – **33 testimōnium:** (gutes) Zeugnis, Anerkennung **34 lēgātiō:** Statthalterschaft

1 *Vor der Lektüre:* Informieren Sie sich über die historischen Hintergründe der römischen Provinzverwaltung in Griechenland (S. 60).

2 Erläutern Sie, mit welchen sprachlichen Mitteln Plinius seine Höflichkeit gegenüber Maximus zum Ausdruck bringt.

3 Stellen Sie die wesentlichen Punkte von Plinius' *humanitas*-Konzept aus dem Brief zusammen (s. auch oben S. 47).

4 Der reale Maximus brauchte Plinius' Ratschläge kaum: Erörtern Sie, warum Plinius diesen Brief veröffentlicht hat und was der Brief implizit über das Griechenland-Bild vieler zeitgenössischer Römer aussagt.

5 Beschreiben Sie die Stilhöhe des Briefes und begründen Sie anhand auffälliger Stilmittel im Text.

S Imperativ der Deponentien

Die Deponentien haben wie die aktiven Verben Imperative, die man v. a. im Singular leicht übersehen kann: Die Imperativ-Formen im Singular sehen zufällig so aus wie die Infinitiv-Formen im Aktiv.

recordārī → *recordāre!* »erinnere dich!«, *recordāminī!* »erinnert euch!«

Übersetzen Sie entsprechend:
verērī → *verēre!* »…!«, *verēminī!* »…!«
sequī (sequor) → *sequere!* » …!«, *sequiminī!* » …!«
morī (morior) → *morere!* » …!«, *moriminī!* » …!«

2. Römische Herrschaft in den außeritalischen Provinzen

Allgemeines

Seit Augustus waren die Provinzen unterteilt in senatorische Provinzen, die vom Senat autonom verwaltet wurden, und kaiserliche Provinzen, die der Kaiser mithilfe von Statthaltern, den *legati Augusti pro praetore* (meist aus dem Ritterstand), verwaltete. Die römische »Herrschaft« in den unterworfenen Provinzen war im Allgemeinen indirekt, da für die riesigen Territorien nur wenig Personal zur Verfügung stand (Ritter und Senatoren zählten zusammen weniger als 6.000 Personen). Rom ließ die altererbten politischen Strukturen weitgehend bestehen und übte nur indirekt durch die einheimische Elite und wenige römische Amtsträger Kontrolle aus. Die einheimische Elite wurde durch Privilegien (römisches Bürgerrecht, Ehrenämter, Geldeinkünfte) gewonnen.

Sonderfall Griechenland

Ein Sonderfall war das durch die Bürgerkriege verwüstete und teilweise entvölkerte Griechenland. Augustus richtete hier 27 v. Chr. die senatorische Provinz *Achaia* ein; Athen und Sparta blieben aber offiziell frei *(liberae civitates)* und waren dem Kaiser und seinen *legati* direkt unterstellt. Die Römer hatten ein kompliziertes Verhältnis zu den als kulturell überlegen empfundenen Griechen. Einige griechische Stadtstaaten (Athen, Sparta) waren teilweise von Abgaben befreit; speziell Athen behielt auch in römischer Zeit seine demokratische Verfassung bei.

Römische Statthalter benötigten in Griechenland besonderes Fingerspitzengefühl – die römische Dominanz durfte man die Griechen nicht spüren lassen, denn offiziell waren sie keine »Untertanen«, sondern Verbündete *(foederati)*. Offiziell durften Vertreter des Senats die *liberae civitates* gar nicht ohne deren Erlaubnis betreten. Der Kaiser wiederum war direkter Patron der *liberae civitates* (bes. Athens): Er garantierte Schutz vor senatorischen bzw. behördlichen Übergriffen und schlichtete als Schiedsrichter die häufigen Streitigkeiten zwischen griechischen Stadtstaaten.

Die Kaiser engagierten sich mit vielfältigen Investitionen und kulturellen Bauprogrammen im griechischsprachigen Raum, was einen großen wirtschaftlichen Aufschwung brachte: Die meisten noch heute sichtbaren Baudenkmäler und Ruinen im griechischen Kulturraum stammen aus der römischen Kaiserzeit. Dies und die erstmals erreichte friedliche politische Einheit Griechenlands unter römischer Herrschaft führten zu einer Identifikation vieler griechischer Gebildeter und Schriftsteller mit Rom. Die Zeit von Trajan bis Marc Aurel (98–180 n. Chr.) wurde als Goldenes Zeitalter empfunden.

Karte: senatorische und kaiserliche Provinzen

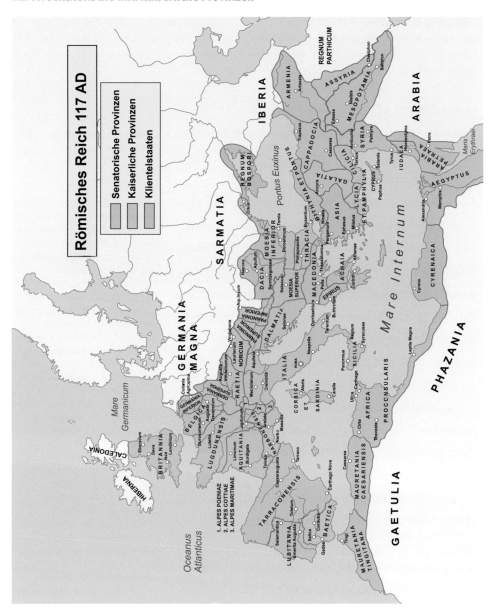

Karte: © Andrei naci und Furfur (Creative Commons Lizenz)

3. Plinius und die Christen in Bithynien: Plin. 10,96 (C)

Plinius ist kaiserlicher Provinzverwalter in der eigentlich senatorischen Provinz Bithynien, um das vom Senat angerichtete Verwaltungschaos zu beseitigen. Dort breitet sich das Christentum aus, und Plinius wendet sich an Kaiser Trajan, um sich wegen angemessener Strafen gegen Christen zu erkundigen.

C. PLINIUS TRAIANO IMPERATORI

Sollemne[1] est mihi, domine, omnia, de quibus dubito, ad te referre. Quis enim potest melius vel cunctationem meam regere vel ignorantiam instruere[2]?

Cognitionibus[3] de christianis interfui numquam. Ideo
5 nescio, quid et quatenus[4] aut puniri soleat aut quaeri[5]. Nec mediocriter haesitavi[6], sitne aliquod discrimen[7] aetatum an quamlibet teneri[8] nihil a robustioribus[9] differant[10]; detur paenitentiae[11] venia[12] an ei, qui omnino[13] christianus fuit, desisse[14] non prosit; nomen[15] ipsum, si
10 flagitiis careat, an flagitia cohaerentia[16] nomini puniantur. Interim[17] in iis, qui ad me tamquam christiani deferebantur[18], hunc sum secutus modum. Interrogavi[19] ipsos, an essent christiani. Confitentes iterum ac tertio interrogavi supplicium[20] minatus. Perseverantes duci[21] iussi. Neque
15 enim dubitabam, qualecumque esset, quod faterentur, pertinaciam certe[22] et inflexibilem obstinationem debere puniri. Fuerunt alii similis amentiae[23], quos, quia cives Romani erant, adnotavi[24] in urbem remittendos[25].

Meo ipso tractatu[26], ut fieri solet, diffundente se crimine[27]
20 plures species[28] inciderunt[29]. Propositus est libellus[30] sine auctore multorum nomina continens. Qui negabant esse se christianos aut fuisse, cum praeeunte[31] me deos appellarent et imagini tuae[32] ture[33] ac vino supplicarent, praeterea maledicerent Christo, quorum nihil cogi
25 posse dicuntur <ii>, qui sunt re vera christiani, <eos>

1 **sollemne:** Gewohnheit
2 **īnstruere:** belehren
3 **cōgnitiō:** Gerichtsverhandlung
4 **quātenus:** wieweit – 5 **quaerere:** *(hier)* untersuchen – 6 **haesitāre:** zögern – 7 **discrīmen:** Unterschied – 8 **quamlibet tĕnĕrī:** auch ganz junge Personen
9 **robustiōrēs:** Erwachsene
10 **differre:** sich unterscheiden
11 **paenitentia:** Reue – 12 **venia:** Verzeihung – 13 **omnīnō:** überhaupt – 14 **dēsīsse** = dēsiisse *von dēsinere* – 15 **nōmen:** die bloße Zugehörigkeit *(zum Christentum)* – 16 **cohaerēre** + *Dat.:* zusammenhängen mit
17 **interim:** vorläufig – 18 **dēferre:** anzeigen – 19 **interrogāre, an:** verhören, ob – 20 **supplicium:** Todesstrafe – 21 **dūcere:** *(hier)* hinrichten – 22 **certē:** auf jeden Fall – 23 **similis āmentiae:** *Gen. qual.* – 24 **adnotāre:** vormerken – 25 **remittere:** überführen *(röm. Bürger konnten gegen die Todesstrafe Berufung einlegen, so dass ihr Fall in Rom selbst verhandelt werden musste)* – 26 **tractātus:** Untersuchung – 27 **crīmen:** Anschuldigung(en) – 28 **speciēs:** Rechtsfall – 29 **incidere:** sich ergeben – 30 **libellus:** *(hier)* Liste
31 **praeīre:** die Gebetsformel für die röm. Götter vorsprechen
32 **imāgō tua:** *Bildnis des Kaisers für den Kaiserkult, den die Provinzbevölkerung durchführen musste* – 33 **tūs,** tūris: Weihrauch

dimittendos[34] putavi. Alii – ab indice[35] nominati – esse se christianos dixerunt[36] et mox negaverunt; <se christianos> fuisse quidem, sed desisse[37]. Hi quoque omnes et imaginem tuam deorumque simulacra venerati sunt

30 et Christo male dixerunt. Affirmabant autem hanc fuisse summam[38] vel culpae vel erroris, quod[39] essent soliti stato die[40] ante lucem convenire, carmenque Christo quasi deo dicere secum invicem[41] seque sacramento[42] non in scelus aliquod obstringere[43], sed ne furta ne latrocinia ne adul-

35 teria committerent, ne fidem fallerent[44].

Nihil inveni quam superstitionem[45] pravam et immodicam. Ideo dilata[46] cognitione ad consulendum te decucurri[47].

34 dīmittere: freilassen – **35 index,** icis: Denuntiant – **36 dīcere:** *(hier)* zugeben – **37 dēsīsse** = dēsinere: es aufgeben – **38 summa:** Hauptpunkt – **39 quod:** (der Umstand) dass – **40 statō diē:** an einem bestimmten Tag (= Sonntag) – **41 sēcum invicem:** jeweils abwechselnd *(liturgische Lieder wurden abwechselnd von Priester u. Gemeinde gesungen)* **42 sacrāmentum:** Eid – **43 sē obstringere in:** sich verpflichten zu – **44 fidem fallere:** das Wort brechen

45 superstitiō: Aberglaube **46 differre,** ferō, distulī, dīlātum: aufschieben, verschieben **47 dēcurrere ad:** Zuflucht suchen bei

1 Dieser Brief zeigt deutliche Merkmale offizieller Schreiben von römischen Magistraten an den Princeps: Weisen Sie den amtlich-offiziellen Charakter in Stil und Sprachgebrauch nach.

2 Arbeiten Sie das Verhältnis zwischen Plinius und Trajan heraus, das sich aus dem Brief für den Leser ergibt.

3 Plinius unterscheidet als Jurist in Abschnitt 2 und 3 sorgfältig zwischen den verschiedenen Rechtsfällen bzw. Unterarten von Beklagten: Erstellen Sie jeweils Übersichten zu den Textabschnitten.

4 Der Brief ist eine zentrale Quelle für römische Christenprozesse: Stellen Sie die Informationen über den genauen Prozessablauf zusammen.

5 Kommentieren Sie Plinius' Einstellung und Verhalten gegenüber den Christen vor dem Hintergrund der römischen Religionsauffassung (S. 64).

4. Christentum und römischer Staat

Die Antwort Trajans auf Plinius' Anfrage: Plin. 10,97

Kaiser Trajan antwortet nur sehr knapp, aber eindeutig auf Plinius' Schreiben: Er ordnet an, dass zwar tatsächlich das offene Bekenntnis zum Christentum strafwürdig sei, Christen aber nicht aktiv von römischen Behörden aufgespürt werden dürfen und keine anonymen Anklagen vor Gericht zulässig sind; wer die Opfer für Kaiser und Staatsgötter verrichtet, soll als unschuldig gelten. Diese offiziellen Rechtsauskünfte der Kaiser nennt man »Reskript« *(rescriptum):* Sie besaßen Gesetzeskraft und wurden auch von späteren Kaisern als geltendes Recht übernommen.

Römische und christliche Religionsauffassung

Angesichts der in anderen Briefen propagierten *humanitas* befremdet Plinius' harte Haltung gegenüber den Christen manche heutige Leser, auch wenn das Christentum später ähnlich repressiv (Zwangsmission, Inquisition) verfuhr. Sie wird aber vor dem Hintergrund der großen Unterschiede zwischen römischer und christlicher Religion verständlich.

Die Römer hatten wie praktisch alle Völker des antiken Mittelmeerraums ein vertragsähnliches Verhältnis zu den Göttern, das gern als »*do, ut des*«-Prinzip bezeichnet wird: Die Menschen brachten den Göttern Verehrung in Form von Opfer-Kult und Ritualen entgegen, dafür garantierten sie im Gegenzug das Wohlergehen des Staates *(salus rei publicae)*. Eine Verweigerung von Kult und Opfer konnte göttliche Strafen provozieren und das Staatswohl gefährden. Andererseits hatten die Römer ein entspanntes Verhältnis zu den Kulten fremder Völker, weil sie die Existenz auch fremder Götter anerkannten. Teilweise importierten sie sogar fremde Kulte wie den der Magna Mater (bzw. Kybele) aus Kleinasien. Auch die Verehrung von Jahwe oder Christus war für die Römer kein Problem, solange auch die römischen Staatsgötter durch Kult und Rituale verehrt wurden. Woran die Menschen persönlich glaubten, war dem römischen Staat dagegen gleichgültig.

Die Christen hatten keine so offene und »tolerante« Religionsauffassung: Sie verehrten nur ihren eigenen Gott bzw. Christus und hielten

Kybele wird im antiken Bithynien besonders verehrt; Foto: QuartierLatin1968

alle anderen Götter für bösartige Dämonen oder Götzen. Zudem glaubten sie an ein persönliches Seelenheil, d. h. an eine Rettung der eigenen Seele nach dem Tod, die aber nur durch den richtigen und ausschließlichen Glauben an Christus möglich war. Daher war ihnen aufgrund ihres Glaubens der Kult für die römischen Staatsgötter oder den Kaiser eigentlich nicht möglich. Das Christentum ist eine *Glaubens*gemeinschaft, die römische Religion eine *Kult*gemeinschaft.

Aufgrund dieser sehr gegensätzlichen Auffassungen waren die Konflikte zwischen Christen und römischem Staat vorprogrammiert. Jesus selbst suchte den Ausgleich, indem er bei einem »Test« durch die Pharisäer empfahl, man solle »dem Kaiser geben, was dem Kaiser zusteht« (Mk 12,17), d. h. der römischen Obrigkeit Gehorsam erweisen. Aber schon der Verfasser der Johannes-Apokalypse im Neuen Testament sah in Rom die Ausgeburt des Teufels. Seit dem 2. Jh.n. Chr. wurden die Christen gegenüber dem römischen Staat und auch untereinander zunehmend intoleranter. Die verschiedenen christlichen Konfessionen und Sekten führten in der Antike sogar regelrechte Bürgerkriege untereinander, v. a. in Kleinasien und Nordafrika; dabei ging es um die richtige Einstellung gegenüber den römischen Behörden, aber auch um theologische Fragen wie z. B., ob Jesus Mensch oder gottähnlich oder sogar Gott selbst war.

Seit Kaiser Konstantin entwickelte die nunmehr regierende christliche Kaiserdynastie (ab 313 n. Chr.) das Christentum immer mehr zu einer katholisch-orthodoxen Staatskirche mit dem Kaiser an der Spitze und den Bischöfen als kaiserlichen Beamten. Die Kaiser verboten im 4. Jh. alle anderen Kulte, Religionen und abweichenden christlichen Konfessionen im Reich; nur das Judentum wurde innerhalb enger Grenzen toleriert. Die Christen plünderten die alten römischen Heiligtümer aus und zerstörten sie oder wandelten Tempel in christliche Kirchen um. Dies berücksichtigte, dass große Teile der Bevölkerung den alten religiösen Vorstellungen treu blieben: So wurde z. B. der alte Athene-Tempel (Parthenon) in Athen in eine Marien-Kathedrale umgewandelt, so dass die Kultgemeinde der jungfräuli-

chen Göttin Athene nun einfach nur die Heilige Jungfrau Maria im selben »Tempel« anbeten musste. Auch sonst ersetzte der aufkommende Heiligenkult in den christlichen Städten die Kulte für die alten Stadtgötter und Lokalheroen.

Fortleben antiker Kulte im Christentum: Isis mit Horus-Knaben und Maria mit Jesus

Politik und Privatleben in der Republik: Cicero

1. Bewerbung ums Konsulat: Cic. Att. 1,1 und 2 (A)

Cicero plante im Sommer 65 v. Chr., sich um das Konsulat für das Jahr 63 v. Chr. zu bewerben und schreibt unter anderem hierüber an seinen Freund Atticus. Im ersten Brief geht es um mögliche Konkurrenten und ihre Chancen. Der zweite Brief behandelt auch den aktuellen Prozess gegen Ciceros Mitbewerber Catilina, der wegen Ausplünderung der von ihm verwalteten Provinz Africa angeklagt wurde.

CICERO ATTICO SAL.[1]

Petitionis[2] nostrae, quam tibi summae curae esse scio, huius modi[3] ratio[4] est:

Prensat[5] unus P. Galba. Sine fuco ac fallaciis[6] more maiorum negatur[7]. Ut opinio est hominum, non aliena[8] rationi[9]

5 nostrae fuit illius haec praepropera prensatio[10]. Ita quiddam spero nobis profici[11], cum hoc percrebrescit[12]: plurimos nostros amicos inveniri.

Nos initium prensandi facere cogitaramus[13] eo ipso tempore, quo tuum puerum[14] cum his litteris proficisci

10 Cincius dicebat: a(nte) d(iem) XVI Kal(endas) Sextiles[15]. Competitores[16], qui certi esse[17] videantur, Galba et Antonius et Q. Cornificius <sunt>. Puto te in hōc aut risisse aut ingemuisse[18].

Haec est informata[19] adhuc cogitatio petitorum. Nos in

15 omni munere candidatorio[20] fungendo[21] summam adhibebimus diligentiam. Cum perspexero voluntates nobilium, scribam ad te. Cetera spero prolixa[22] esse – his dumtaxat urbanis competitoribus[23]. Tu mihi cura, ut praestes[24] illam manum[25] Pompei nostri amici.

20 Hermathena[26] tua valde me delectat et posita ita belle[27] est, ut totum gymnasium[28] ἡλίου ἀνάθημα[29] esse videatur. Multum te amamus.   *(Rom, Mitte Juli 65)*

1 SAL(ūs) ~ *salūtem dīcit*
2 petītiō: Bewerbung – **3 huius modī:** folgendermaßen
4 ratiō: Lage (*gehört zu* petītiōnis) – **5 prēnsāre:** sich bewerben – **6 sine fūcō ac fallāciīs:** rundweg – **7 negāre:** ablehnen – **8 aliēnus:** ungünstig **9 ratiō:** Plan – **10 praepropera prēnsātiō:** übereilte Bewerbung – **11 prōficere:** nützen – **12 percrēbrēscere:** sich herumsprechen

13 cōgitārāmus = cōgitāverāmus **14 puer:** Sklave – **15 a.d. XVI Kal. Sextilēs:** 17.7. – **16 competītor:** Mitbewerber – **17 certī esse:** bestimmt dabei sein **18 ingemēscere:** aufstöhnen **19 īnfōrmātus:** grob, ungefähr **20 mūnus candidātōrium:** Aufgaben eines Bewerbers **21 fungī:** erledigen, erfüllen **22 prōlixus:** unproblematisch **23 hīs … competītōribus:** (*nominaler Abl. Abs.*) solange es nur diese Mitbewerber aus der Hauptstadt sind – **24 praestāre +** *Akk.:* garantieren für (*als Wähler für Cicero*) – **25 manus:** (*hier*) Anhängerschaft

26 hermathēna: Doppelstatue von Hermes u. Athene – **27 bellus:** hübsch, nett – **28 gymnasium:** Sportbereich im Haus – **29 ἡλίου ἀνάθημα** (*griech., sprich: hēlíu anáthēma*): Heiligtum der Sonne > der Sonne geweiht

CICERO ATTICO SAL.

Filiolo[1] me auctum[2] <esse> scito[3]. Salva[4] Terentia <est>.
Abs te[5] tam diu nihil litterarum! Ego de meis ad te ratio-
nibus[6] scripsi antea diligenter. Hoc tempore Catilinam
competitorem nostrum defendere cogitamus[7]. Iudices
5   habemus, quos voluimus – summa accusatoris[8] voluntate.
Spero, si absolutus[9] erit, coniunctiorem illum nobis fore
in ratione[6] petitionis; sin[10] aliter acciderit, humaniter[11]
feremus.

Tuo adventu nobis opus est maturo[12]; nam prorsus[13]
10   summa[14] hominum est opinio tuos familiares nobiles
homines adversarios honori[15] nostro fore. Ad eorum
voluntatem mihi conciliandam[16] te mihi maximo usui
fore video.

Qua re Ianuario mense[17], ut constituisti, cura, ut Romae
15   sis.   (Rom, Spätsommer 65)

1 filiolus: *Deminutiv von* filius
(= *Marcus*) – **2 augērī:** beschenkt
werden – **3 scītō:** *Imper. Sg. von*
scīre – **4 salvus sum:** es geht mir
gut – **5 abs tē:** *erg.* accēpī *o. Ä.*
6 ratiō: Plan – **7 cōgitāre** + *Inf.:*
planen zu – **8 accūsātor:** Ankläger
(= *Clodius Pulcher; Cic. wollte
wegen vermeintlich guter Prozess-
Aussichten Catilinas Anwalt
werden*) – **9 absolvere,** solvō, solvī,
solūtum: *(hier)* freisprechen
10 sīn: wenn aber – **11 hūmāniter:**
(hier) mit Fassung – **12 mātūrus:**
baldig. – **13 prōrsus:** gänzlich
14 summus: *(hier)* sehr verbreitet
15 honor: *gemeint ist das Konsulat*
16 conciliāre: gewinnen, sichern
17 Iānuārius mēnsis: Monat
Januar; *stelle um:* cūra, ut Ian. m.
Rōmae sīs, ut cōnstituistī

1   Gliedern Sie die Briefe in Abschnitte und begründen Sie die Reihenfolge der Themen; benennen
    Sie auch die formalen Briefmerkmale.

2   Weisen Sie Merkmale des informell-vertraulichen Briefstils nach (z. B. Ellipsen,
    Verkleinerungsformen, Umgangssprache, vertraute Anreden).

3   Beschreiben Sie das Verhältnis zwischen Cicero und Atticus anhand der Briefe.

4   Arbeiten Sie das Bewerberbild heraus, das Cicero von sich selbst gegenüber Atticus zeichnet.

5   Cicero ist im Wahlkampf auf fremde Hilfe angewiesen: Zeigen Sie im Text die entsprechenden
    Personen(gruppen) auf; recherchieren Sie auch den Ablauf einer Konsulatsbewerbung.

6   Finden Sie eine stilistisch angemessene deutsche Formulierung für die Grußformel
    Cicero Attico sal.

7   Suchen Sie im Text die Formen von Fut. I und II heraus und finden Sie stilistisch passende
    Übersetzungen.

2. Ämterlaufbahn *(cursus honorum)*

Für die politische Karriere in republikanischer Zeit gab es einen sog. *cursus honorum,* d. h. eine üblicherweise einzuhaltende Reihenfolge bei der Bewerbung um Ämter. In der Regel waren die politischen Ämter der antiken Stadtstaaten und auch Roms »Ehrenämter«, d. h. sie waren nicht nur unbezahlt, sondern der Amtsträger musste sogar für die Kosten der Amtsführung wie z. B. Ausrichtung von Spielen, Theateraufführungen oder Straßenbau privat aufkommen. Dies und die immer kostspieligeren Wahlkämpfe führten zum finanziellen Ruin der meisten Politiker mit Spitzenämtern. Daher hatten sie nach hohen Ämtern wie Praetur oder Konsulat die Möglichkeit, Provinzen zu verwalten und sich durch die dort eingenommenen Steuern finanziell zu sanieren: Dies tat z. B. auch Caesar in Gallien nach seinem Konsulat 59 v. Chr. In der Praxis führte dies in republikanischer Zeit zu einer teilweise ruinösen Ausbeutung der römischen Provinzen – ein Zustand, der sich erst im Prinzipat durch grundlegende Reformen in der Provinzverwaltung änderte.

Zur Zeit Ciceros bildeten folgende Ämter den sog. *cursus honorum,* d. h. um diese Ämter bewarb man sich in der Regel in folgender Reihenfolge (mit dem – von Cicero stets eingehaltenen – Mindestalter):

Amt	Mindestalter
quaestor	31 Jahre
aedilis	37 Jahre
praetor	40 Jahre
consul	43 Jahre

Weitere Merkmale dieser wichtigen Ämter sind zum einen die auf ein Jahr begrenzte Amtszeit und zum anderen das Prinzip der Kollegialität, d. h. man übt kein Amt allein aus, sondern hat immer einen oder mehrere Amtskollegen.

Die Gründe hierfür: Die kurze Amtszeit und die Kollegialität verhinderten eine zu große Machtanhäufung bei einzelnen Personen, die im Rahmen der römischen Adelskonkurrenz unerwünscht war. Andererseits ermöglichte beides aber auch eine Vielzahl innerhalb kürzester Zeit wieder neu zu besetzender Ämter, so dass in der frühen Republik innerhalb der kleinen Gruppe der Patrizier so gut wie jeder einmal ein Amt mit politischem Einfluss und Prestige erhielt. Mit der Öffnung der Ämter für Plebejer vergrößerte sich plötzlich die Gruppe der Amtsbewerber, was den Konkurrenzdruck verschärfte und die Politik in Rom seit etwa 300 v. Chr. grundlegend veränderte. Zugleich ist aber klar, dass unter den Plebejern nur die Wohlhabenden politische Karriere machen konnten.

Die Ämter des *cursus honorum* im 1. Jh. v. Chr.

quaestor: Die Zahl der Quaestoren schwankte stark im 1. Jh. v. Chr. zwischen 20 (unter Sulla) und 40 (unter Caesar); sie waren zuständig für die Finanzverwaltung der Staatskasse, der Armee und der Provinzen (z. B. Cicero in Sizilien).

aedilis: Den vier Aedilen unterstand die »Stadtverwaltung«, d. h. polizeiähnliche Aufgaben, Straßenunterhalt und die Veranstaltung öffentlicher Spiele.

praetor: Die Zahl schwankte im 1. Jh. v. Chr. zwischen 8 (unter Sulla) und 16 (unter Caesar); die Praetoren waren die Richter in Rom und auch Vertreter der Konsuln bei deren Abwesenheit.

consul: Die beiden Konsuln waren eigentlich die »Bürgermeister« der Stadt Rom. Sie beriefen den Senat, d. h. den Stadtrat von Rom, und die Volksversammlungen ein und hatten den Oberbefehl über das Heer.

Für die Provinzverwaltung gab es im 1. Jh. v. Chr. folgende Ämter: *propraetor* und *proconsul,* d. h. ehemalige Praetoren und Konsuln, die die Verwaltung einer Provinz eigentlich durch Los erhielten. In der Praxis wurde hier aber im Vorfeld oft getrickst und die Zuweisung bestimmter lukrativer Provinzen bereits ausgehandelt. Auch konnte man nachträglich Provinzen tauschen, was auch Cicero tat: Er tauschte im Rahmen seines Konsulats für vorteilhafte politische Bündnisse die reiche Provinz *Gallia Cisalpina* gegen das unattraktive Kilikien.

Die Curia auf dem Forum Romanum: Hier fanden Senatssitzungen statt. Dieses Gebäude ließ
C. Iulius Caesar bauen; nach einem Brand wurde es im 4. Jh. n. Chr. umgestaltet.
Foto: akg-images/Mondadori Portfolio

3. Nach dem Konsulat – Ciceros politische Feinde: Cic. Att. 2,22 (B)

Im Jahr 59 v. Chr. war Caesar Konsul und betrieb eine quasi diktatorische Politik gegen den Senat; seinen optimatisch gesinnten Mitkonsul Bibulus machte er mit gezielten Bedrohungen und Gewaltaktionen seitens der aufgepeitschten Volksmenge mundtot. Er bediente sich auch des Cicero-Feindes Clodius Pulcher, der immer mehr zur Bedrohung für Ciceros Sicherheit wurde. Cicero schreibt an Atticus, der sich nach Epirus (Griechenland) zurückgezogen hat:

CICERO ATTICO SAL.

Quam vellem Romae mansisses[1]! mansisses profecto[2], si haec fore putassemus[3]. Nam Pulchellum[4] nostrum facillime teneremus[5]. Nunc res sic se habet[6]: volitat[7], furit, multis denuntiat[8].

5 Nobis autem ipsis cum vim tum iudicium[9] minatur[10].

Cum hōc Pompeius egit[11] et,

    ut ad me ipse referebat,

vehementer egit[11],

    cum diceret

10   se in summa perfidiae et sceleris infamia fore,

       si mihi periculum crearetur[12] ab eo[13],

          quem ipse armasset[14],

    cum plebeium fieri passus esset.

Sed ipsum[15] fidem recepisse[16] sibi de me. Hanc si ille non 15 servaret, ita laturum[17], ut omnes intellegerent nihil sibi antiquius[18] amicitiā nostrā fuisse. <Pompeius> aiebat illum primo sane[19] diu multa contra[20]; ad extremum autem manus dedisse[21] et affirmasse nihil se contra eius voluntatem esse facturum. Sed postea tamen ille non destitit de 20 nobis asperrime loqui.

Nunc ita nos gerimus, ut in dies et studia in[22] nos hominum[23] et opes nostrae augeantur. Rem publicam[24] nulla ex parte attingimus[25], in causis atque in illa opera[26] nostra forensi summa industria versamur; quod[27] egregie non 25 modo iis, qui utuntur operā, sed etiam in vulgus gratum

---

1 **mānsissēs:** *Konj. abhängig von* vellem (ut) = *unerfüllbarer Wunsch* – 2 **profectō:** bestimmt, gewiss – 3 **putāssēmus** = putāvissēmus – 4 **Pulchellus:** »kleiner hübscher« (*ironische Verballhornung des Namens* Clodius Pulcher) – 5 **tenēre:** (*hier*) kontrollieren – 6 **sē habēre:** sich verhalten, sein – 7 **volitāre:** umherrennen (*Intensivum zu* volāre; *Subj. ist Clodius Pulcher*) 8 **dēnūntiāre:** Klagen androhen 9 **iūdicium:** Prozess – 10 **minārī:** androhen – 11 **agere:** verhandeln 12 **creārī:** entstehen – 13 **eō** = Clodius Pulcher – 14 **armāsset** = armāvisset

15 **ipsum** = Clodius Pulcher 16 **fidem recipere:** sein Versprechen (*für Cic.'s Sicherheit*) geben – 17 **ita ferre, ut:** (*etwa*) so reagieren, dass (*Subj. im AcI ist* Pompeius) – 18 **antīquius:** wichtiger – 19 **sānē:** ziemlich 20 **contrā:** *ergänze* dīxisse 21 **manūs dare:** einlenken 22 **studium in** + *Akk.:* Sympathie gegenüber – 23 **hominum:** *Gen.-Attr. zu* studia – 24 **rēs pūblica:** (*hier*) Politik – 25 **attingere:** sich beschäftigen mit – 26 **opera forēnsis:** Anwaltstätigkeit 27 **quod … grātum esse:** *relat. Satzanschluss, als AcI abhängig von* sentimus

esse[27] sentimus. Domus celebratur[28]. Occurritur[29], reno-
vatur memoria consulatūs, studia significantur[30].

Nunc mihi opus est et consiliis tuis et amore et fide. Qua

re advola, expedita[31] mihi erunt omnia, si te habebo. De

30 re publica nihil habeo ad te scribere nisi summum odium

omnium hominum in eos, qui tenent omnia[32].

(Rom, August 59)

28 celebrārī: zahlreich besucht werden – **29 occurrere:** auf der Straße zusammenlaufen *(bei Cic.)* **30 studia sīgnificantur:** die Sympathien werden zum Ausdruck gebracht – **31 expedītus:** leicht, erträglich – **32 omnia tenēre:** alle Macht haben

1 *Vor der Übersetzung:* Informieren Sie sich über die Rolle von Pompeius und Clodius Pulcher (s. S. 10 f. und 73).

2 Beschreiben Sie, wie Cicero in dem Brief das Bedrohungsszenario und politische Chaos des Jahres 59 darstellt; berücksichtigen Sie dazu auch die stilistische Gestaltung des Briefes.

3 Rekonstruieren Sie anhand des Briefes die Taktik des Clodius und das Lavieren des Pompeius.

4 Untersuchen Sie, wo Cicero indirekte Rede verwendet und begründen Sie, warum er keine direkte Rede verwendet; was lässt sich hieraus für Ciceros Verhältnis zu Pompeius folgern?

5 Arbeiten Sie heraus, wie Cicero seine eigene politische Rolle darstellt.

6 Beschreiben Sie, wie Cicero seine Beziehung zu Atticus im Brief darstellt.

S Konjunktiv in Haupt- und Kondizionalsätzen

In Haupt- und Kondizionalsätzen muss der lateinische Konjunktiv (anders als in vielen anderen Nebensätzen) auch bei der deutschen Übersetzung zum Ausdruck gebracht werden.

lat. Form	Funktion	dt. Übersetzung
Konj. Impf.	– Unerfüllbarer Wunsch der Gegenwart – Irrealis der Gegenwart	Konj. II (wäre, käme) oder würde + Inf.
Konj. Plqpf.	– Unerfüllbarer Wunsch der Vergangenheit – Irrealis der Vergangenheit	Konj. Plqpf. (= hätte/wäre + Partizip II)

Beispiele:
- *vellem <ut> mansisses:* ich wollte, du wärest geblieben
- *mansisses, si … puta<vi>ssemus:* du wärest geblieben, wenn wir geglaubt hätten …
- *Pulchellum teneremus:* wir würden P. kontrollieren

4. Die Stände im republikanischen Rom

In der frühen und mittleren Republik spielte der Gegensatz zwischen den beiden Ständen der Patrizier und der Plebejer eine zentrale Rolle in der Politik. Die Zugehörigkeit zu einem Stand war durch Geburt festgelegt.

Patrizier

Die Patrizier bzw. *patres* bildeten eine Art Erb- bzw. Geblütsadel in Rom: Die patrizischen *gentes* (Adelsgeschlechter) leiteten sich von den 100 Mitgliedern des ersten Senats aus der Königszeit ab. Die Patrizier waren in der Regel die reichsten Bürger der Stadt Rom; ihr Wohlstand beruhte v. a. auf Großgrundbesitz und Landwirtschaft. Ursprünglich waren mit dem Patriziat viele Privilegien verbunden; so konnten die wichtigen politischen Funktionen (Senat, Magistrate) und Priesterämter anfangs nur von Patriziern ausgeübt werden. Durch die Öffnung politischer Ämter für Plebejer seit dem 4. Jh.v. Chr. gerieten die Patrizier zunehmend unter Konkurrenzdruck bei Wahlen, was die Wahlkämpfe entsprechend anfachte. Trotzdem hatten Patrizier bis zum Ende der Republik bessere Karrierechancen als plebejische Mitbewerber, zum einen aufgrund ihres Reichtums und gesellschaftlichen Einflusses, zum anderen aufgrund der Leistungen der Vorfahren, die im Wahlkampf eine große Rolle spielten.

Plebejer

Die Plebejer bildeten die keineswegs immer arme Schicht der übrigen freien Bürger im Stadtstaat Rom, die ursprünglich von der politischen Teilhabe ausgeschlossen waren. Im 4. Jh.v. Chr. änderte sich dies und auch die Plebejer erhielten Zugang zu allen politischen Ämtern einschließlich der meisten Priestertümer. Auch Ehen zwischen beiden Ständen wurden schon im 5. Jh.v. Chr. möglich. *Ein* politisches Amt jedoch, nämlich das im 5. Jh.v. Chr. eingerichtete Volkstribunat, war Angehörigen der *plebs* vorbehalten. Die Volkstribunen sollten die Plebejer vor Willkürakten der Magistraten schützen und besaßen daher wichtige Machtbefugnisse: Sie konnten ein Veto gegen Bestrafungen und Verhaftungen von Bürgern einlegen und Senatsbeschlüsse blockieren.

Ritter

Die »Ritter« bildeten wohl erst im 2. Jh.v. Chr. einen eigenen Stand, der sich in der Regel nicht politisch engagierte, sondern (wie Atticus) durch Handel und Bankgeschäfte große Reichtümer anhäufte. Als durch die römische Expansion in Italien das römische Bürgerrecht allmählich ausgeweitet wurde, zählte man auch die lokalen Eliten der Provinzstädte zum Ritterstand (z. B. Ciceros Familie).

Nobilität und »Amtsadel«

Als *nobiles* bezeichneten die Römer selbst recht unpräzise die jeweilige Führungsschicht eines (Stadt-)Staates. Hierzu gehörten in Rom selbst auf jeden Fall alle Senatoren und wichtigen Amtsträger, auch wenn sie nichtpatrizischer Herkunft waren. In der heutigen Fachwissenschaft bezeichnet man speziell die Magistrate ab der kurulischen Ädilität und auch deren Nachkommen als »Nobilität«.

Da ab dem 4. Jh.v. Chr. auch Plebejer an der Ämterlaufbahn teilnehmen durften und so Eingang in den Senat bekamen, entstand neben dem Patriziat ein sog. »Amtsadel« und Senatorenstand. Hierbei handelt es sich um Personen, die nicht unbedingt aufgrund ihrer adligen bzw. patrizischen Geburt, sondern durch ihr Amt in die Nobilität aufgestiegen waren. Wer wie Cicero als erster seiner Familie in Rom politisch Karriere machte und in den Senat aufstieg oder Konsul wurde, war ein *homo novus,* d.h. ein Mann ohne *nobiles* als Vorfahren.

Clodius Pulcher – Bürgerschreck der ausgehenden Republik

Publius Clodius Pulcher entstammte dem alten Patriziergeschlecht der Claudier und hieß eigentlich Claudius Pulcher. Er hatte ein Verhältnis mit Caesars Gattin Pompeia. Als 62 v. Chr. das Kultfest der Bona Dea in Caesars Haus gefeiert wurde, zu dem nur Frauen zugelassen waren, schlich er sich als Frau verkleidet ins Haus, wurde aber entdeckt. Im anschließenden Prozess wegen Religionsfrevels war Cicero Hauptbelastungszeuge, was die Feindschaft zwischen Clodius und Cicero begründete. Um Volkstribun mit den entsprechenden politischen Vollmachten zu werden, trat Clodius mit Caesars (!) Hilfe in den Plebejerstand über und änderte seinen patrizischen Namen *Claudius* in die plebejische Ausspracheform *Clodius* ab. Er nutzte Bandenwesen und Volksversammlungen für seine politischen Zwecke. So beantragte er im Jahr 58 v. Chr. ein Gesetz, das jeden ächtete, der römische Bürger ohne ordentliches Gerichtsverfahren töten ließ. Gemeint war Cicero, der als Konsul die Catilinarier ohne Anrufung der Volksversammlung hatte hinrichten lassen. Dieser Gesetzesantrag trieb Cicero ins freiwillige Exil. Clodius wurde im Jahr 56 bei Bandenkämpfen ermordet.

1   Erklären Sie, warum für einen Patrizier wie Clodius der Übertritt zur *plebs* politisch vorteilhaft war.

2   Recherchieren Sie die Standeszugehörigkeit von bekannten Römern wie Caesar, Pompeius und Cato dem Älteren.

5. Cicero in der Verbannung: Cic. Att. 3,7 (A)

Cicero reiste im Frühjahr 58 v. Chr. über Süditalien nach Griechenland, nachdem die von Clodius aufgestachelte Volksmenge sein Haus auf dem Palatin und sein Landgut in Tusculum geplündert und angezündet hatte. Auch Ciceros Vermögen war eingezogen worden. Vor der Überfahrt nach Griechenland schreibt er in Brundisium an Atticus, der noch in Rom ist.

Brundisium[1] veni a(nte) d(iem) XIIII Kal(endas) Maias[2]. Eo die pueri[3] tui mihi a te litteras reddiderunt, et alii pueri[3] post diem tertium eius diei alias litteras attulerunt. Quod[4] me rogas et hortaris, ut apud te in Epiro sim: Voluntas tua

5 mihi valde grata est et minime nova. Esset consilium mihi quidem optatum, si liceret[5] ibi omne tempus consumere: Odi enim celebritatem[6], fugio homines, lucem adspicere vix possum; <itaque> esset mihi ista solitudo, praesertim tam familiari in loco, non amara[7].

10 Castellum munitum habitanti[8] mihi prodesset, transeunti non est necessarium. Quodsi[9] auderem, Athenas peterem. Nunc et nostri hostes ibi sunt et te non habemus; et veremur, ne interpretentur[10] illud quoque oppidum ab Italia non satis abesse.

15 Quod[11] me ad vitam vocas, unum efficis, ut a me manus abstineam[12]; alterum <efficere> non potes, ut me non nostri consilii vitaeque[13] paeniteat[14]. Quid enim est, quod me retineat, praesertim[15] si spes[16] ea non est, quae nos proficiscentes prosequebatur[17]? Non faciam, ut enumerem

20 miserias omnes, in quas incidi per summam iniuriam et scelus non tam[18] inimicorum meorum quam invidorum[19], ne et meum maerorem exagitem et te in eundem luctum vocem. Hoc adfirmo neminem umquam tanta calamitate esse adfectum, nemini mortem magis optandam fuisse.

25 Cuius oppetendae[20] tempus honestissimum praetermissum est. Reliqua tempora sunt non iam ad medicinam, sed ad finem doloris.

1 Brundisium: nach Brundisium (Akk. der Ausdehnung wie Rōmam) – **2 a.d. … Māiās:** 17.4. – **3 puer:** Sklave – **4 quod:** was den Umstand angeht, dass **5 licēret:** *bezieht sich auf ein Verbot für Geächtete (wie Cic.), sich in Italien und 500 Meilen außerhalb Italiens aufzuhalten; Atticus' Haus in Epirus war noch in dieser Zone* – **6 celebritās:** belebte Orte **7 amārus:** bitter, unangenehm

8 habitantī: wenn ich (dort dauerhaft) wohnen würde **9 quodsī** = sī – **10 interpretārī** + AcI: es so auslegen, dass; behaupten, dass

11 quod: *(hier etwa)* indem **12 manūs abstinēre:** nicht Hand an sich legen; keinen Selbstmord begehen – **13 vīta:** das am-Leben-Bleiben – **14 paenitet mē** + Gen.: ich bereue – **15 praesertim:** zumal – **16 spēs:** *gemeint ist Cic.'s Hoffnung, bald wieder nach Rom zurückzukehren* – **17 prōsequī:** begleiten – **18 nōn tam … quam:** nicht so sehr … als vielmehr **19 invidus:** Neider *(gemeint sind v. a. die Angehörigen der Nobilität, die Cic. als homo novus nicht recht unterstützen)* – **20 cuius (= mortis) oppetendae:** relat. Satzanschluss < mortem oppetere: sterben

Tu nihilominus, si properaris[21], nos consequēre[22]. Ego et saepius ad te et plura scriberem, nisi mihi dolor meus cum[23] omnes partes mentis tum[23] maxime huius generis facultatem ademisset[24]. Videre te cupio. Cura, ut valeas.

(Brund., 29.4.58)

21 properāris = properāveris
22 cōnsequēre = cōnsequēris
23 cum … tum: sowohl … als auch – **24 adimere**, imō, ēmī, emptum: fortnehmen, rauben

30

1 *Vor der Lektüre:* Recherchieren Sie die Entfernungen Rom-Brundisium-Epirus-Thessalonike und berechnen Sie jeweils die ungefähren Reisezeiten zu Lande (Tagesmarsch ca. 25 km).

2 Arbeiten Sie heraus, wie in dem Brief Ciceros Verzweiflung und Selbstmitleid zum Ausdruck kommen.

3 Cicero macht in dem Brief zwar einen sehr verzweifelten Eindruck, dennoch gelingt es ihm, den Brief stilistisch sehr sorgfältig auszugestalten: Weisen Sie dies an den entsprechenden Stellen nach.

4 Cicero wünscht sich offenbar, dass Atticus trotz der großen Entfernungen und Schwierigkeiten zu ihm kommt, auch wenn er nirgends direkt schreibt »komm und begleite mich«: Zeigen Sie, an welchen Stellen dieser implizite Wunsch deutlich wird.

5 Suchen Sie die -*nd*-Formen der letzten Briefe heraus; erläutern Sie die Formen und jeweiligen Übersetzungen anhand folgender Tabelle.

Gerundium	Gerundivum
Gen.: *occasio prensandi* (Attribut) Gelegenheit des Bewerbens → sich zu bewerben	Gen.: *occasio epistulae scribendae* Gelegenheit des Briefschreibens → Gelegenheit einen Brief zu schreiben
Akk.: *ad prensandum* (final) um sich zu bewerben/zur Bewerbung	Akk.: *ad voluntatem conciliandam* um das Wohlwollen zu erwerben
Abl.: *prensando* (instrumental) durch Bewerben > durch die Bewerbung	Abl.: *epistulis scribendis* durch das Schreiben von Briefen
Abl.: *in prensando* (temporal) beim Bewerben > bei der Bewerbung	Abl.: *in epistulā scribendā* beim Schreiben des Briefs

Ciceroni epistula scribenda est. Cicero muss einen Brief schreiben.

6. Familienleben aus der Ferne: Cic. fam. 14,2 (A)

Im Jahr 58 v. Chr. hält sich Cicero im Exil in Thessalonike auf; sein Vermögen ist eingezogen, sein Haus in Rom verbrannt. Allerdings hält sich seine Familie noch in Rom auf, wo seine Ehefrau Terentia die Hauptlast trägt – auch finanziell. Cicero hält durch Briefe, die natürlich wochenlang unterwegs sind, regelmäßigen Kontakt zu seinen Lieben und beklagt darin sein Schicksal.

TULLIUS S. D.[1] TERENTIAE SUAE

ET TULLIOLAE[2] ET CICERONI[3] SUIS

Noli putare me ad quemquam longiores epistulas scribere, nisi si[4] quis ad me plura scripsit, cui puto[5] rescribi oportere. Nec enim habeo, quid scribam. Ad te vero et ad nostram Tulliolam non queo[6] sine plurimis lacrimis scri-

5 bere. Vos enim video esse miserrimas, quas ego beatissimas esse volui; idque praestare[7] debui[8] et, nisi tam timidi[9] fuissemus, praestitissem[7].

In novis tribunis[10] plebis intellego spem te habere. Id erit firmum, si Pompei[11] voluntas <firma> erit.

10 A te quidem omnia fieri[12] fortissime et amantissime video nec miror, sed maereo casum eius modi <esse>, ut tantis tuis miseriis meae miseriae subleventur. Nam ad me P. Valerius scripsit, id quod ego maximo cum fletu legi, quemadmodum a Vestae <templo> ad tabulam Valeriam[13]

15 ducta esses. Hem[14], mea lux, meum desiderium, unde omnes[15] opem petere solebant! Te nunc, mea Terentia, sic vexari[16], sic iacere in lacrimis et sordibus, idque fieri meā culpā, qui ceteros servavi[17], ut nos periremus!

Quod de domo scribis: Ego vero tum denique mihi videbor restitutus, si illa nobis erit restituta. Verum haec non

20 sunt in nostra manu. Illud doleo in eius partem impensae te miseram et despoliatam venire[18].

Obsecro te, mea vita, quod ad sumptum attinet[19]: Sine[20] alios, qui possunt, si modo volunt, sustinere et valetudi-

---

1 S(alūtem) D(īcit) – **2 Tulliola:** *(Deminutiv von Tullia)* »kleine Tullia« – **3 Cicerōnī:** *gemeint ist Ciceros Sohn Marcus* – **4 nisī sī:** *es sei denn, dass* – **5 putō:** *(hier mit verschränktem AcI)* cuī rescrībī ‖ oportēre – **6 queō:** *ich kann* – **7 praestāre, stō, stitī: garantieren; gerade stehen für* **8 dēbuī:** *ich hätte … müssen* **9 timidus:** *feige (Cic. war aus Angst freiwillig ins Exil geflüchtet)*

10 tribūnī: *die neuen Volkstribunen Sestius und Milo waren polit. Freunde Cic.'s* – **11 Pompēius:** *setzte sich für Cic. ein* – **12 fiĕrī:** *erledigt/gemanagt werden* **13 tabula Valeria:** *Terentia hatte im Vestatempel Schutz gesucht und wurde zur tab.Val. (Gemälde an der Wand der curia) abgeführt, um dort für Cic.'s Vermögen zu bürgen* – **14 hem:** *ach!* – **15 omnēs: v. a. Cic.'s Klienten* – **16 tē vexārī …:** *(AcI des Ausrufs)* ach, dass du … geplagt wirst – **17 servāvī:** *nämlich vor der Verschwörung Catilinas 63 v. Chr.* – **18 in eius partem impēnsae venīre:** *einen Teil der Kosten übernehmen* – **19 quod ad sūmptum attinet:** *was den Lebensunterhalt angeht* – **20 sine von sinere*

25 nem istam[21] infirmam, si me amas[22], noli vexare. Nam mihi ante oculos dies noctesque versaris. Omnis[23] labores te excipere[24] video. Timeo, ut sustineas. Sed video in te esse[25] omnia.

Valete, mea desideria, valete!   *(Thessalonike, 5.10.58)*

21 **istam:** deine – 22 **sī mē amās:** *eindringliche Bitte* – 23 **omnīs:** omnēs – 24 **excipere:** auf sich nehmen – 25 **esse in** + *Abl.:* abhängen von

1 Aus Briefen kann man indirekt Hinweise auf vorherige Briefe der Adressaten schließen: Was könnte Terentia ihrem Mann vorher aus Rom geschrieben haben? Verfassen Sie einen solchen Terentia-Brief.

2 Zeigen Sie, welche Briefteile a) der Information dienen, b) appellative, c) phatische und d) expressive Funktion haben. Welche Funktionen herrschen hier vor? (s. S. 80)

3 Arbeiten Sie aus dem Brief die Rolle Terentias in Ciceros Leben heraus und zeigen Sie die Auffälligkeiten im Rahmen der römischen Geschlechterrollen auf.

4 Untersuchen Sie diesen Brief aus der Perspektive eines Althistorikers: Stellen Sie zusammen, welche historischen Informationen sich dem Brief entnehmen lassen.

K **Funktionen brieflicher und mündlicher Kommunikation**

Briefliche und mündliche Kommunikation dient nur selten der reinen Informationsvermittlung oder der Aufforderung zu bestimmten Handlungen (appellative Funktion). Oft möchte man wie z. B. auch in Grußpostkarten/-SMS auch einfach den Kontakt aufrechterhalten (phatische Funktion). Schließlich will man in der Kommunikation seine eigenen Empfindungen zum Ausdruck bringen (expressive Funktion).

S **Relativische Satzverschränkung mit AcI**

Ein lateinisches Relativpronomen kann Teil eines AcI sein, was man im Deutschen so nicht nachmachen kann. Darum ist meist eine freiere deutsche Übersetzung nötig. Entweder formuliert man das Relativpronomen um (»bei/von dem«) oder man übersetzt das übergeordnete Prädikat im Relativsatz als Einschub bzw. Parenthese (»so wollte ich es«/»glaube ich«).

vos video …, **quas beatissimas esse** *volui* (→ Relativpron. ist Subj. im AcI)
→ … euch, von denen ich wollte, dass sie sehr glücklich sind
→ … euch, die – so wollte ich es – immer glücklich sein sollten

(ali)quis scripsit, [cui rescribi oportere] puto (→ Relativpron. ist Dat.-Obj. im AcI)
jemand, von dem ich glaube, dass es nötig ist, dass ihm zurückgeschrieben wird
→ …, dem man – glaube ich – zurückschreiben muss

7. Ciceros triumphale Rückkehr nach Rom: Cic. Att. 4,1 (A/B)

57 v. Chr. beschloss die Volksversammlung (comitia centuriata) die Aufhebung von Ciceros Ächtung, sodass er sein Vermögen zurückerhielt und nach Rom heimkehren durfte. Im folgenden Brief schildert er Atticus von Rom aus seine triumphale Rückkehr. Allerdings herrschen in Rom weiter die Triumvirn und Bandenterror, während Cicero politisch kaltgestellt bleibt.

CICERO ATTICO SAL.

Cum primum Romam veni, nihil prius faciendum mihi
<esse> putavi, quam ut tibi absenti de reditu nostro gratu-
larer[1]. Cognoram[2] enim te acerbissime discidium nostrum
tulisse plurimumque operae ad conficiendum reditum
5 meum contulisse[3]. Nunc, etsi omnia aut scripta esse a
tuis arbitror aut etiam nuntiis ac rumore perlata, tamen
ea scribam brevi, quae te puto potissimum ex meis litteris
velle cognoscere:

Pr(idie) Non(as) Sext(iles)[4] Dyrrhachio[5] sum profectus,
10 ipso illo die, quo lex est lata[6] de nobis. Brundisium[7] veni
Non(is) Sextilibus[8]. Ibi mihi Tulliola[9] mea fuit praesto[10]
natali[11] suo. Ante diem VI Id(us) Sext(iles)[12] cognovi, cum
Brundisi[13] essem, litteris Quinti fratris mirifico studio
omnium aetatum atque ordinum, incredibili concursu
15 Italiae legem comitiis centuriatis[14] esse perlatam[15]. Inde a
Brundisinis[16] honestissime ornatus iter ita feci, ut undique
ad me cum gratulatione legati convenerint.

Ad urbem ita veni, ut nemo[17] ullius ordinis homo nomen-
clatori[18] notus fuerit, qui mihi obviam non venerit, praeter
20 eos inimicos, quibus non liceret aut dissimulare aut negare
se inimicos esse. Cum venissem ad Portam Capenam[19],
gradus templorum ab infimo plebe completi erant. A qua
plausu maximo cum esset mihi gratulatio significata[20],
similis et frequentia et plausus me usque ad Capitolium
25 celebravit, in foroque et in ipso Capitolio miranda multi-
tudo fuit. Postridie in senatu senatui gratias egimus. (...)

1 grātulārī: (hier) danken
2 cōgnōram = cōgnōveram
3 plūrimum operae cōnferre ad: sich sehr bemühen um

4 pr. Nōn. Sext.: 4.8.
5 Dyrrhachiō: aus Dyrrhachium (Abl. separat. wie Rōmā)
6 lēgem ferre: Gesetz zur Abstimmung bringen (hier: das zur Aufhebung von Cic.'s Ächtung) – 7 Brundisium: nach Brundisium – 8 Nōn. Sextīlibus: 5.8. – 9 Tulliola: Deminutiv für Tullia, Cic.'s Tochter – 10 praestō: dabei; anwesend – 11 nātālis (diēs): Geburtstag – 12 ante ... Sext.: 8.8. – 13 Brundisī = Brundisiī: in Brundisium 14 comitia centuriāta Pl.: Volksversammlung (u. a. für Gesetzgebung zuständig) 15 lēgem perferre: ein Gesetz verabschieden (hier: das über Cic.'s Rehabilitierung) –16 Brundisīnus: Bewohner von Brundisium 17 nēmō, quī nōn vēnerit: jeder, der (entgegen) kam 18 nōmenclātor: Cic.'s Sklave, der ihm die Namen Entgegenkommender einflüsterte – 19 Porta Capēna: südl. Stadttor Roms von der Via Appia aus; dort waren die Tempel für Honos u. Virtus 20 sīgnificāre: kundtun

AcI; nd-Formen; Ortsangaben – proficisci; iter facere; convenire; inde; undique

1 Erstellen Sie eine Gliederung des Textes mit Zwischenüberschriften; benennen Sie auch Ciceros eigene Gliederungssignale im Text.

2 Zeichnen Sie die Reiseroute Ciceros mithilfe einer Karte und eines Stadtplans des antiken Rom nach: Zeigen Sie, wo Cicero rafft und wo er ausführlich beschreibt, und begründen Sie Ihren Befund.

3 Cicero geht davon aus, dass Atticus den Hergang der Rückkehr bereits kennt: Erörtern Sie, warum er dennoch diese ausführliche Schilderung im Brief abgibt.

4 Cicero arbeitet in diesem Privatbrief an seinen besten Freund mit vielen exakten Datumsangaben – ähnlich wie in einer historischen Chronik: Stellen Sie Vermutungen über die Gründe hierfür an.

5 Erläutern Sie, welches Selbstbild Cicero in diesem Brief von sich gibt.

6 Wie wir aus der Gesamtquellenlage wissen, herrschten im September 57 v. Chr. Chaos und Unruhen in Rom; arbeiten Sie heraus, welcher Eindruck vom römischen Staat sich aus dem Cicero-Brief ergibt.

S Ortsangaben ohne Präposition (Städtenamen)

Auf die Frage »woher?« steht der Ablativ (Separativ), auf die Frage »wohin?« der Akkusativ (Ausdehnung). Auf die Frage »wo?« stand im älteren Latein der Lokativ auf -*i* (Sg.), der sich aber z. T. zu -*e* weiterentwickelte. Der Lok. Pl. ist mit dem Abl. Pl. identisch.

Nominativ	woher? → Ablativ	wo? → Lokativ	wohin? → Akkusativ
Roma	Romā	Romae (< -ai)	Romam
Brundisium	Brundisio	Brundisii	Brundisium
Dyrrhachium	Dyrrhachio	Dyrrhachii	Dyrrhachium
Carthago	Carthagine	Carthagine (< -ini)	Carthaginem
Athenae	Athenis	Athenis	Athenas
Puteoli	Puteolis	Puteolis	Puteolos

Kommunikative Äußerungen interpretieren

Um zu erforschen, was wir mit sprachlichen Äußerungen »wirklich meinen«, hat die Sprach- und Kommunikationswissenschaft ein lebensnahes Modell mit folgenden Funktionstypen entwickelt:
- referentiell: Information vermitteln (sachliche Ebene)
- phatisch: Kontakt aufnehmen und erhalten
- expressiv: Gefühle/Einstellungen ausdrücken, sich selbst darstellen
- poetisch: Sprache bewusst/ästhetisch gestalten
- appellativ: auffordern, fragen
- illokutiv: Sachinformation als indirekte Aufforderung, Wunsch

Referentiell: Kommunikative Äußerungen und damit auch Briefe vermitteln Adressaten auf einer sachlichen Ebene oft Informationen, so z. B. wenn die Schule brieflich mitteilt, wann die nächste Klassen- oder Studienfahrt stattfindet, was sie kostet, wie das Programm abläuft usw.

Phatisch: Ein großer Teil privater Kommunikation dient der reinen Kommunikationsaufnahme und -aufrechthaltung. Dies ist mündlich bei Begrüßungen (»hallo«, »guten Tag«) der Fall, aber auch ein Hauptzweck von Karten/Grüßen z. B. aus dem Urlaub: Sie vermitteln den Adressaten, dass man an sie denkt und den Kontakt weiter aufrecht halten möchte.

Expressiv: Nachrichten können ausdrücken, wie sich der Absender selbst fühlt, z. B. indem er klagt oder seine Freude ausdrückt oder Urteile über Sachverhalte abgibt. Oft bringt man zum Ausdruck, was man vom Adressaten hält oder wie man sich selbst nach außen darstellen möchte.

Poetisch: Texte und Äußerungen werden oft bewusst rhetorisch oder literarisch gestaltet (z. B. Stilmittel, Versmaß). Dies kann dem ästhetischen Vergnügen und der Unterhaltung dienen, aber auch appellative Absichten unterstützen.

Appellativ: Viele sprachliche Äußerungen und Nachrichten enthalten eine Bitte, Handlungsaufforderung oder Nachfrage, die wiederum eine Bitte um Antwort impliziert, z. B. wenn man nach der Uhrzeit fragt, oder sich nach dem Urlaub erkundigt oder um die Rückzahlung geschuldeten Geldes bittet.

Illokutiv: Eng verwandt mit der appellativen Funktion ist die indirekte Aufforderung, die in scheinbaren Sachinformationen steckt. Ein typisches Beispiel aus dem Alltag sind Bemerkungen wie »hier zieht's« oder »ich habe Hunger«: Formal betrachtet handelt es sich um referentielle bzw. expressive Äußerungen, allerdings enthalten sie in der Regel eine implizite Bitte, nämlich z. B. die Tür/das Fenster zu schließen oder endlich mit dem Essen zu beginnen. Diese illokutive Funktion ist typisch für menschliche Kommunikation und bestimmt einen großen Teil von Alltagsäußerungen.

Dieser letzte Punkt führt nun zu der interessanten Beobachtung, dass Kommunikation oft eher indirekt funktioniert und dass daher sprachliche Form und eigentliche Bedeutung nur selten übereinstimmen. So erwarten auch Fragen wie etwa »Wie geht's?« zwar eine Antwort auf einer referentiellen Ebene (»Gut/Schlecht«), aber sie haben vor allem eine phatische und je nach Kontext auch eine expressive Funktion, d. h. sie sollen die Anteilnahme am Wohlbefinden des Angesprochenen zum Ausdruck bringen.

1 Untersuchen Sie sprachliche Äußerungen aus Ihrem Alltag auf die hier genannten Funktionen hin. Interessant wäre, ob bestimmte Kommunikationsformen bzw. -medien eine bestimmte Funktion bevorzugt abbilden.

2 Untersuchen Sie auch die Briefe von Cicero oder Plinius auf diese Funktionen hin und beachten Sie dabei, wie sprachliche Form und eigentliche Bedeutung bzw. Funktion entweder übereinstimmen oder abweichen. Gibt es Unterschiede zwischen Cicero und Plinius?

3 Untersuchen Sie gegebenenfalls auch andere literarische und nichtliterarische Texte aus Ihrem Unterricht oder Alltag nach diesem Schema; selbst Fernsehsendungen haben unter dem Anschein der Sachinformation meist implizit eine appellative Funktion.

Illustration: Barbara Hömberg

Lernwortschatz

Der kaiserzeitliche Literaturbetrieb um Plinius

	hortārī, hortor, hortātus sum	auffordern; ermahnen
	collĭgere, cóllĭgō, collēgī, collēctum	sammeln
	pūblicāre	veröffentlichen
	ōrdō, inis *m.*	Ordnung; Reihenfolge; Stand
5	compōnere, compōnō, composuī, compositum	zusammenstellen; verfassen
	quisque, quaeque, quidque (*Gen.* cuiusque, *Dat.* cuīque)	jeder (jeweils)
	superest (ut)	es ist übrig, dass; es bleibt (noch) zu
	cōnsilium	Rat(schlag); Plan; Beschluss
	addere, addō, addidī, additum	hinzufügen
10	tardus, a, um	spät, langsam
	prior, prius	vorherig
	prōmittere, prōmittō, prōmīsī, prōmissum	versprechen
	rogāre (ut + *Konj.*)	bitten
	eō magis quod	umso mehr als/weil
15	cōnfitērī, cōnfiteor, cōnfessus sum	bekennen; gestehen
	fortasse	vielleicht
	potissimum	besonders; hauptsächlich
	ēdere, ēdō, ēdidī, ēditum	herausgeben; veröffentlichen
	quamvīs + *Konj.*	wenn auch; obwohl
20	blandīrī	schmeicheln
	studium/studia *Pl.*	literarische bzw. wissenschaftliche Tätigkeit, Studien
	vacāre + *Dat.*	Zeit haben für
	quīdam, quaedam, quiddam (*Adj.* quoddam)	(irgend)ein; jemand; etwas
	adnotāre	notieren; aufschreiben; Anmerkungen machen
25	attendere, attendō, attendī, attentum	achten auf
	cōnsistere in, cōnsistō, cōnstitī	bestehen in
	modestia	Bescheidenheit
	cāsus, ūs *m.*	Fall; Zufall; Unglück
	idcircō	deswegen
30	merēre, mereō, meruī, mérĭtum	verdienen
	praedicāre	rühmen

verērī, vereor, vérĭtus sum	fürchten; verehren, respektieren
verērī, nē	fürchten, dass
verērī, ut	fürchten, dass nicht

Römische Wertekonstruktionen bei Plinius

	rīdēre, rīdeō, rīsī, rīsum	lachen
	et quidem	und zwar
	omnīnō	ganz; überhaupt
	stilus	Schreibgriffel; Stil
5	pugillārēs *Pl.*	Schreibtafel
	contemnere, contemnō, contempsī, contemptum	verachten
	mīrus, a, um	erstaunlich
	excitāre	anregen; anstacheln; ermuntern
	undique	von überall her
10	proinde	daher
	licet + *Konj.*	mögen, dürfen; es ist möglich
	experīrī, experior, expertus sum	erfahren; erleben
	quam	wie (schr); als *(nach Komparativ)*
	interesse + *Dat.*, intersum, interfuī, interfutūrum	dabei sein; teilnehmen an
15	cot(t)īdiē	täglich
	inānis, e	nichtig, nutzlos; leer
	quot	wieviel(e)
	quisquam, quidquam (quicquam), *Gen.* cuiusquam, *Dat.* cuīquam	irgendjemand, irgendetwas *(in einschränkenden und verneinten Sätzen)*
	parum	zu wenig
20	sollicitāre	beunruhigen; erregen
	rūmor, ōris *m.*	Gerücht
	satius	besser
	beātus, a, um	glücklich; selig
	(per)fruī, (per)fruor, (per)frūctus sum + *Abl.*	genießen; haben
25	posteritās, tātis *f.*	Nachwelt; Nachfahren
	oportet, oportuit + *Inf./AcI*	es ist nötig, man muss
	contendere, contendō, contendī, contentum	sich anstrengen
	dēsinere, dēsinō, dēsiī, dēsitum	aufhören
	dissentīre, dissentiō, dissēnsī, dissēnsum	anderer Meinung sein
30	meditārī	bedacht sein auf; nachdenken
	libet, libuit	es gefällt (mir/einem); man/ich mag
	īdem quī	derselbe wie
	quotiēns	sooft (wie)

similis, e	ähnlich
35 rūrsus	wieder(um)
pariter	in gleicher Weise
ērudītus, a, um	gebildet
litterae *Pl.*	literarische Studien; Brief

Familie und soziale Beziehungen bei Plinius

quantopere	wie sehr
dīligere, dīlĭgō, dīlēxī, dīlēctum	lieben, verehren
fovēre, foveō, fōvī, fōtum	fördern, begünstigen
efficere (ut), efficiō, effēcī, effectum	bewirken, es schaffen (, dass)
5 mandāre	übertragen; schicken
grātus, a, um	angenehm, willkommen, beliebt; dankbar
suscipere, suscipiō, suscēpī, susceptum	übernehmen
familiāris, e	vertraut; befreundet; Freund
reverērī, revereor, revérĭtus sum	verehren; respektieren
10 verēcundia	Zurückhaltung; Scheu
ōrdō (-inis) equester *m.*	Ritterstand
gravitās, tātis *f.*	Ernst, Würde
fidēs, eī *f.*	Zuverlässigkeit; Treue
nēquāquam	keineswegs
15 castitās, tātis *f.*	Keuschheit (= *anständiges Verhalten in sexuellen Dingen: z. B. Enthaltsamkeit vor der Ehe*)
nesciō an + *Konj.*	vielleicht
amplus, a, um	reichhaltig; wichtig
facultās, tātis *f.*	Fähigkeit; Vermögen
sānē	gewiss; in der Tat
20 merērī = merēre	verdienen
pietās, tātis *f.*	Familienliebe; richtiges Verhalten gegenüber Göttern oder Mitmenschen; Pflichterfüllung
cāritās, tātis *f.*	Zuneigung; Liebe
affectus, ūs *m.*	Zuneigung; Leidenschaft
dubitāre	zweifeln
25 dīgnus, a, um + *Abl.*	(*einer Sache*) würdig
indicium	Zeichen, Beweis
sollicitūdō, tūdinis *f.*	Sorgfalt; Eifer
áfficī, afficior, affectus sum + *Abl.*	»versehen werden mit«, »betroffen sein von« *meist freier zu übersetzen:* gaudio a. = sich freuen

iūdicium	Prozess; Urteil
30 recitāre	vorlesen; eine Lesung veranstalten
perpetuus, a, um	dauerhaft; beständig
concordia	Eintracht
decet, decuit + *Akk.*	es gehört sich für; es passt zu
ēdūcāre	erziehen; ausbilden
35 praeceptum	Vorschrift; Lehre
cōnsuēscere, cōnsuēscō, cōnsuēvī, cōnsuētum	sich gewöhnen; *Pf.:* gewohnt sein
trīstis, e	traurig
minor – māior	jünger – älter *(bei Altersangaben von Personen)*
umquam	jemals
40 cōnstantia	Beständigkeit
temperantia	maßvolles Verhalten
valētūdō, tūdinis *f.*	Gesundheit(szustand); Krankheit
ūsque ad	bis (zu)
dēsīderium	Sehnsucht; Verlangen
45 ēgregius, a, um	herausragend
nimis	zu (sehr)
hūmānus, a, um	menschlich, human; gebildet
interdum	manchmal
reprehendere, reprehendō, reprehendī, reprehēnsum	kritisieren

Literatur und Geschichtsschreibung

suādēre, suādeō, suāsī, suāsum	(an)raten; empfehlen
historia	Geschichte; Geschichtsschreibung
cōnfīdere, cōnfīdō, cōnfīsus sum	vertrauen
imprīmīs	vor allem
5 occĭdere, óccĭdō, occidī, occāsum	untergehen; sterben
dēbēre, dēbeō, dēbuī, dēbĭtum	müssen, sollen; + *Dat.: jm. etwas* schulden, verdanken
vōtum	Wunsch; Versprechen
sufficere, sufficiō, suffēcī, suffectum	reichen
pollicērī, polliceor, pollicitus sum	versprechen
10 ōrātiō, iōnis *f.*	Rede(kunst)
ēloquentia	Redekunst; Ausdruckskraft
vestīgium	Spur
māiōrēs *Pl.*	Vorfahren
refert, retulit	es ist wichtig, relevant

15 ēvenit (ut), ēvēnit, ēventum	es geschieht (, dass)
repente	plötzlich
frequenter	oft
eques, itis *m.*	Ritter; Ritterstand
iūcundus, a, um	angenehm
20 poscere, poscō, poposcī	fordern, verlangen
dēmum	erst; endlich
morārī	(sich) aufhalten; verzögern
īnfāns, ntis	Kind; Säugling

Magistraturen und Provinzen im Prinzipat

praecipere, praecipiō, praecēpī, praeceptum	belehren; vorschreiben; anleiten
invenīre, inveniō, invēnī, inventum	erfinden; finden
recordārī	sich erinnern
dēspicere, dēspiciō, dēspexī, dēspectum	verachten; herabblicken auf
5 referre ad, referō, rettulī, relātum	an *jm.* berichten, Bericht erstatten
ideō	daher
differre, differō, distulī, dīlātum	sich unterscheiden
pūnīre	bestrafen
cōnsulere, cōnsulō, cōnsuluī, cōnsultum	+ *Akk.:* um Rat fragen
	+ *Dat.:* sich kümmern um

Bewerbung ums Konsulat

cūrae est + *Dat.*	es liegt *jm.* am Herzen
ratiō, iōnis *f.*	Art und Weise; Plan; Sachverhalt; Lage; Vernunft
opīniō, iōnis *f.*	Meinung
quīdam, quaedam, quiddam	jemand; (irgend)ein; (irgend)etwas
(*Adj.* quoddam)	
5 cōgitāre	denken an; planen zu
puer, puerī *m.*	Junge; Sklave, Bediensteter
rīdēre, rīdeō, rīsī, rīsum	lachen
mūnus, eris *n.*	Aufgabe; Amt; Geschenk
dīligentia	Sorgfalt
10 voluntās, tātis *f.*	Wille
nōbilis, e	adlig; Angehöriger der Nobilität
praestāre, praestō, praestitī, praestitum	+ *Akk.:* gewähren; gewährleisten
	intr.: sich auszeichnen; übertreffen
tōtus, a, um (*Gen.* tōtīus, *Dat.* totī)	ganz
litterae *Pl.*	Brief; Literatur; Wissenschaft

15 dēfendere, dēfendō, dēfendī, dēfēnsum	verteidigen
sīn	wenn aber
aliter	anders
áccĭdit (ut), *Perf.* áccĭdit	es geschieht (, dass)
ferre, ferō, tulī, lātum	ertragen; bringen; berichten
20 opus est + *Abl.*	etwas ist nötig
familiāris, e	befreundet, vertraut; Freund
adversārius, a, um	Gegner
ūsus, ūs *m.*	Nutzen; Anwendung
cōnstituere, cōnstituō, cōnstituī, cōnstitūtum	beschließen; sich entschließen; festsetzen
25 cūrāre, ut + *Konj.*	dafür sorgen, zusehen dass

Nach dem Konsulat

quam	wie (sehr); als (nach Komparativ)
sē habēre, habeō, habuī, habitum	sich verhalten
cum … tum	sowohl … als auch (besonders)
iūdicium	Prozess; Urteil
5 vīs, –, –, vim, vī	Gewalt; *Pl.* Stärke
Pl. vīrēs, vīrium *f.*	
minārī	androhen
referre ad, referō, rettulī, relātum	berichten; Bericht erstatten an
agere cum (dē), agō, ēgī, āctum	mit *jm.* verhandeln *(über etw.)*
scelus, eris *n.*	Verbrechen
10 creāre	schaffen; wählen; *Pass. creārī*: entstehen
patī, patior, passus sum	erleiden; zulassen dass *(+ AcI)*
āiō, āit	ich sag(t)e; er sagt(e)
sānē	ziemlich; gänzlich
diū	lange
15 contrā *Adv.*	dagegen
contrā *Präp. + Akk.*	gegen
affirmāre	versichern
dēsistere, dēsistō, dēstitī	aufhören
sē gerere, gerō, gessī	sich verhalten
opēs, um *f. Pl.*	Einfluss; Macht; Reichtum
20 augēre, augeō, auxī, auctum	vermehren, vergrößern
rēs pūblica *f.*	Staat; Politik, politische Tätigkeit; politische Verhältnisse
causa	Prozess
versārī in	sich aufhalten in; sich befassen mit
opera *f.*	Tätigkeit; Arbeit; Dienst(leistung)

25	grātus, a, um	angenehm; willkommen; beliebt; dankbar
	cōnsilium	Ratschlag; Plan; Entschluss
	fidēs, eī f.	Vertrauen; Zuverlässigkeit; Glaube
	odium (in + Akk.)	Hass (gegen)

Cicero in der Verbannung

	reddere, reddō, reddidī, reddĭtum	zurückbringen; zurückgeben
	afferre, afferō, attulī, allātum	bringen
	rogāre	bitten
	adhortārī	ermahnen
5	minimē	keineswegs
	optāre	wünschen
	licet	es ist erlaubt, möglich
	cōnsūmere, cōnsūmō, cōnsūmpsī, cōnsūmptum	verbrauchen; (Zeit) verbringen
	vix	kaum
10	praesertim	zumal; vor allem; besonders
	tam + Adj./Adv.	so (tam bene: so gut)
	habitāre	wohnen
	prōdesse, prōsum, prōfuī, prōfutūrum	nützen
	audēre, audeō, ausus sum	wagen, sich trauen
15	petere, petō, petīvī, petītum	anstreben; sich begeben nach; sich bewerben um; bitten um
	verērī, vereor, vérĭtus sum	fürchten
	verērī, nē	fürchten, dass
	satis	hinreichend
	efficere, efficiō, effēcī, effectum (ut)	bewirken (, dass)
	incidere, íncĭdō, íncĭdī	hineinfallen
20	iniūria	Unrecht
	inimīcus, a, um	(polit.) Gegner, gegnerisch
	lūctus, ūs m.	Trauer
	calamitās, tātis f.	Katastrophe; Unglück
	umquam	jemals
25	áffĭcī, afficior, affectus sum + Abl.	betroffen sein von
	nihilōminus	trotzdem
	cōnsĕquī, cōnsĕquor, cōnsecūtus sum	erreichen
	facultās, tātis f.	Fähigkeit; Möglichkeit

Familienleben aus der Ferne

quisquam, quidquam (quicquam), *Gen.* cuiusquam, *Dat.* cuīquam	irgendjemand, irgendetwas *(in einschränkenden oder negierten Sätzen)*
nisī sī	es sei denn dass; außer wenn
quīre, queō, quīvī	können
firmus, a, um	fest; zuverlässig; sicher
5 maerēre, maereō, maeruī	traurig sein; betrauern
cāsus, ūs *m.*	Fall; Unglück; Situation
ops, opis *f.*	Hilfe; Kraft
vexāre	quälen
restituere, restituō, restituī, restitūtum	wiederherstellen; zurückgeben
10 dolēre, doleō, doluī	bedauern; Schmerz empfinden
valētūdō, tūdinis *f.*	Gesundheit(szustand); Krankheit
timēre, timeō, timuī	sich fürchten
timēre, nē	fürchten, dass
timēre, ut	fürchten, dass nicht

Ciceros triumphale Rückkehr

cum prīmum + *Perf.*	sobald
prius	eher, früher
absēns, ntis	abwesend
reditus, ūs *m.*	Rückkehr
5 etsī	wenn auch
rūmor, ōris *m.*	Gerücht
brevī *Adv.*	kurz, knapp
potissimum	vor allem; besonders
studium	Eifer; Beschäftigung; wissenschaftliche Tätigkeit
10 undique	von allen Seiten
ūllus, a, um (*Gen.* ūllīus, *Dat.* ūllī)	irgendein
negāre + *AcI*	sagen, dass nicht; leugnen, dass
plausus, ūs *m.*	Beifall, Applaus
similis, e	ähnlich
15 ūsque ad + *Akk.*	bis (zu)
postrīdiē	am nächsten Tag
grātiās agere, agō, ēgī, āctum	Dank abstatten

Wichtige Stilmittel und ihre Funktionen

Alliteration (die) gleicher Anlaut in aufeinanderfolgenden Wörtern

causas desiderii et doloris: Alliteration unterstreicht Trauer und Sehnsucht nach dem Tod der Minicia.

Anápher (die) Wiederaufnahme des gleichen Wortes am Anfang aufeinanderfolgender Wortgruppen oder Sätze

ut nos, ut nutrices, ut paedagogos diligebat! Das anaphorische Wiederholung der Ausrufe hämmert die Liebe des Mädchens zu allen ein.

Antithése (die) Gegenüberstellung gedanklich entgegengesetzter Wörter, Wortgruppen oder Sätze

erat in proximo non venabulum aut lancea, sed stilus et pugillares: Der Gegensatz von Jagdgegenständen und Schreibwerkzeug unterstreicht die Gegensätzlichkeit von körperlichen und geistigen Tätigkeiten.

Apostrόphe Anrede an eine (fiktive) Person oder Sache

o mare, o litus! Die Anrede personifiziert hier die Natur und gibt der Aussage mehr Pathos.

Asýndeton (das) Auslassung von Verbindungspartikeln zwischen parallel gestellten Wörtern, Wortgruppen oder Sätzen

sororem, patrem adhortabatur: Die Auslassung der Konjunktion *et* wirkt knapper und eindringlicher.

Ausruf Ausruf an einen (fiktiven) Adressaten:

O morte ipsā mortis tempus indignius! Der Ausruf soll die Emotionen des Schreibers betonen.

Chiásmus (der) Überkreuzstellung einander entsprechender Begriffe oder Satzteile (benannt nach dem griechischen Buchstaben X = Chi):

*destitutam **corporis** viribus,*

*vigore **animi** sustinebat*

Die Wortstellung verdeutlicht die Parallelisierung und zugleich Gegenüberstellung von *vires/vigor* sowie *corpus/animus.*

Ellípse (die)	Auslassung von Wörtern oder Satzteilen: *iam hora diei prima, et adhuc dubius dies:* Die Auslassung von *erat* macht die Aussage knapper und eindringlicher.
Klímax (die)	Qualitative oder quantitative Steigerung: *nec modo longiore vita, sed prope immortalitate dignius vidi:* Die Steigerung vom langen Leben zur Unsterblichkeit unterstreicht die Wertschätzung für die guten Eigenschaften der Toten.
Metápher (die)	Übertragene Bedeutung in der Art eines Vergleiches, aber ohne »wie«: *his <u>tempestatibus</u> solus prope es in <u>portu</u>* »in den (politischen) Stürmen (der Zeit) bist du fast der einzige im Hafen (der Wissenschaft)«: Die Stürme stehen für die politischen Unruhen, der Hafen für die Wissenschaft als Rückzugsort.
Metonymíe (die)	Ein Wort wird durch ein anderes aus einem verwandten Sachbereich ersetzt: *Diana* ~ Jagd; *Minerva* ~ *studia* (geistige Tätigkeit) Die Göttinnen stehen hier für ihre Zuständigkeitsbereiche.
Parádoxon (das)	Überraschende Aussage, die auf den ersten Blick nicht sinnvoll erscheint: *(puellae) matronalis gravitas erat et tamen suavitas puellaris:* Die scheinbar widersprüchlichen Aussagen unterstreichen die vielen charakterlichen Vorzüge der Verstorbenen.
Parallelismus (der)	gleicher Bau einander entsprechender Satzglieder bei annähernd gleicher Wortzahl *nec aut spatio valetudinis aut metu mortis:* Die Länge der Krankheit und die Angst vor dem Tode werden parallelisierend aufgezählt.
Polýptoton (das)	Wiederholung desselben Wortes mit unterschiedlicher Endung: *O <u>morte</u> ipsā <u>mortis</u> tempus indignius!* Der Tod wird in den verschiedenen Facetten seiner Schrecklichkeit durch die Wiederholung hervorgehoben.
Rhetorische Frage	Frage, die keine Antwort erwartet, aber den Leser direkt anzusprechen scheint: *Ego celebritate nominis mei gaudere non debeo?* Hier drückt die Frage eine Selbstverständlichkeit aus.

Tríkolon

Dreigliedriger Ausdruck:

qua temperantia, qua patientia, qua constantia valetudinem tulit! Die drei Eigenschaften werden hier besonders hervorgehoben.

Namensregister

Antonius Hybrida: Onkel des Triumvirn Marc Anton; Ciceros Mitkonsul 63 v. Chr.

Apollon: Griechischer Orakelgott mit Haupttheiligtum in Delphi.

Arpinum: Italische Landstadt 90 km südöstl. von Rom; Geburtsort Ciceros.

Arrianus: Mitglied der römischen Oberschicht in Oberitalien; Bekannter von Plinius.

Athenae: Athen.

Titus Pomponius **Atticus:** reicher Geschäftsmann und Bankier; enger Vertrauter Ciceros.

Bithynia: Bithynien; Region im nordöstlichen Kleinasien.

Brixia: Stadt in Norditalien, heute Brescia.

Brundisium: Stadt in Süditalien, heute Brindisi.

Gaius Iulius **Caesar:** Römischer Politiker, Feldherr und Diktator (100–44 v. Chr.).

Calpurnia: Ehefrau des Plinius.

Campania: Kampanien, Landschaft in Süditalien.

Caninius: Bekannter von Cicero.

Titinius **Capito:** römischer Ritter; Privatsekretär unter Domitian, Nerva u. Trajan.

Capreae: Capri; Insel vor Kampanien.

Catilina: Patrizier; Praetor 68 v. Chr.; Statthalter in Africa 66 v. Chr., danach angeklagt wegen Ausbeutung der Provinz; versuchte nach mehreren vergeblichen Bewerbungen um das Konsulat einen Staatsstreich, den Cicero 63 v. Chr. als Konsul aufdeckte; starb im Kampf gegen die Senatstruppen (63 v. Chr.).

Cilicia: Kilikien; Region im südöstl. Kleinasien.

Cincius: Verwalter in Diensten des Atticus

P. **Clodius** Pulcher: Ursprünglich Patrizier (Claudius Pulcher), der sich in den Plebejerstand versetzen ließ, um Volkstribun zu werden; Todfeind Ciceros; starb 56 v. Chr.

Comum: Stadt in Oberitalien am Fuß der Alpen; Heimat des Plinius.

Cornificius: Volkstribun 69 v. Chr.

Marcus Licinius **Crassus:** Sehr reicher Patrizier und Anhänger Sullas; im Triumvirat mit Pompeius und Caesar verbündet.

Delphi: Stadt in Griechenland mit Heiligtum und Orakel des Apollon.

Diana: Römische Göttin der Jagd (gr. Artemis).

P. Cornelius **Dolabella:** Schwiegersohn Ciceros.

Dyrrhachium: Stadt im heutigen Albanien (Durres).

Epirus: Landschaft in Westgriechenland.

Minicius **Fundanus:** Briefpartner von Plinius; Konsul 107 n. Chr.; Statthalter in Kleinasien unter Kaiser Hadrian.

Galba: röm. Politiker und Augur.

Hadrianus: Römischer Kaiser 117–138 n. Chr.

Herennius: Von Marc Anton bezahlter Mörder Ciceros.

Hispania: »Spanien« bzw. iberische Halbinsel; römische Provinz.

Hispulla: Tante von Plinius' Ehefrau Calpurnia.

Iconium: Stadt in Kleinasien/Kilikien.

Lacedaemon: Sparta; griechische Stadt/ Region auf der Peloponnes.

Laurentinum: Plinius' Landgut bei Ostia.

Titus **Livius:** Römischer Geschichtsschreiber (59 v. Chr. – 17 n. Chr.), verfasste eine römische Geschichte (142 Bücher) von den Anfängen Roms bis in seine Gegenwart.

Lycaonia: Lykaonien; Landschaft im inneren Kleinasien (nördl. v. Kilikien).

Marc(us) Anton(ius): Römischer Politiker (83–30 v. Chr.) und Feind Ciceros.

Marcus Tullius Cicero: Ciceros Sohn (geb. 65 v. Chr.).

Minerva: Römische Göttin der Weisheit und Gelehrsamkeit (gr. Athene).

Minicia: Tochter des Minicius Fundanus.

Misenum: Vorgebirge am Golf von Neapel und Sitz der römischen Flotte.

Neapel: Größte Stadt Kampaniens.

Parthi: Parther; Feinde Roms mit eigenem Reich im heutigen Iran.

Patavium: Stadt in Norditalien, heute Padua.

Philomelium: Stadt in Kleinasien/Kilikien.

Pindenissum: Stadt in Kleinasien/Kilikien.

Pompeji: Stadt in Kampanien, die 79 n. Chr. durch den Vesuvausbruch zerstört wurde.

Pompeius: Patrizier; Konsul 70, 55, 52 v. Chr.; im Triumvirat 60 v. Chr. mit Caesar verbündet; danach Caesars Gegner und Anführer der Senatspartei; Tod im Bürgerkrieg (Pharsalos: 48 v. Chr.).

Quintus Tullius Cicero: Ciceros jüngerer Bruder; 102–43 v. Chr.

Septicius Clarus: Römischer Ritter; unter Kaiser Hadrian Prätorianerpräfekt.

Cornelius **Tacitus:** Römischer Geschichtsschreiber und Freund des Plinius (ca. 54–120 n. Chr.).

Terentia: Ciceros erste Frau (Hochzeit 77 v. Chr.).

Thucydides: Griechischer Geschichtsschreiber (ca. 455–396 v. Chr.) aus Athen und vielbewundertes Vorbild der römischen Geschichtsschreiber.

Tiro: Sklave und dann Freigelassener Ciceros; dessen Sekretär und Vertrauter. Erfinder der Kurzschrift.

Traianus: Römischer Kaiser 98–117 n. Chr.

Tullia: Ciceros Tochter (geb. 76 v. Chr.).

Tusculum: Bergstadt in der Nähe von Rom mit vielen Villen reicher Römer.

P. **Valerius:** mit Cicero befreundeter Politiker.

Marcus Terentius **Varro:** Römischer Sprachforscher und Universalgelehrter (116–28 v. Chr.).

Vesta: Römische Göttin des Herdfeuers mit Tempel auf dem Forum Romanum.